Mikrolaineahi

Lihtne ja kiire viis valmistada maitsvat toitu

Laura Kukk

Sisu

Itaalia kartulisupp 14
Värske tomati ja selleri supp 15
Tomatisupp avokaadokastmega 16
Jahutatud juustu-sibulasupp 17
Šveitsi stiilis juustusupp 18
Avgolemoni supp 19
Kreemjas kurgisupp pastisega 20
Karrisupp riisiga 21
Vichyssoise 22
Jahutatud kurgisupp jogurtiga 23
Jahutatud spinatisupp jogurtiga 24
Soolatud külmutatud tomatisupp 25
New England Fish Chowder 26
Krabisupp 27
Krabi ja sidrunisupp 28
Homaari biskviit 28
Kuivatatud pakisupp 28
Kondenseeritud supp konserv 28
Suppide soojendamine 29
Munade soojendamine toiduvalmistamiseks 29
Keedetud munad 29
Praetud (hautatud) munad 30

Piperade *31*

Piperade Gammoniga *32*

Piperada *33*

Firenze munad *33*

Rossini keedetud muna *34*

Baklažaani munapuder *34*

Klassikaline omlett *36*

Maitsestatud omlett *37*

Lõunaks omlett *38*

Keedumuna sulatatud juustuga *39*

Benedicti munad *39*

Omlett Arnold Bennett *40*

Tortilla *41*

Hispaania omlett köögiviljasegadega *42*

Hispaania omlett singiga *43*

Soolamunad sellerikastmes *43*

Munad Fu Yung *44*

Pitsa omlett *45*

Suflee omlett *46*

Sidrunisuflee omlett *47*

Apelsini sufleeomlett *47*

Mandli ja aprikoosi sufleeomlett *47*

Vaarika suflee omlett *47*

Maasikasuflee omlett *48*

Sufleeomlett lisanditega *48*

Praemuna koorega *48*

Praemuna Napoli *49*

Juustufondüü 50
Fondüü siidriga 51
Fondüü õunamahlaga 51
Roosa fondüü 51
Suitsune fondüü 52
Saksa õllefondüü 52
Fondüü tulega 52
Karri fondüü 52
Fondüü 53
Juustu ja tomati fondüü 53
Juustufondüü 55
Fondüü siidriga 56
Fondüü õunamahlaga 56
Roosa fondüü 56
Suitsune fondüü 57
Saksa õllefondüü 57
Fondüü tulega 57
Karri fondüü 57
Fondüü 58
Juustu ja tomati fondüü 58
Nalja juustu ja selleri fondüü 59
Itaalia juustu-, koore- ja munafondüü 60
Hollandi talufondi poolt 61
Kodutalu fond jalahoobiga 61
Praetud munad flamenco stiilis 62
Leiva-või juustu- ja petersellipuding 63
Leiva- ja võijuustu ja petersellipuding india pähklitega 64

Neli juustuleiva ja võipudingit 65
Juustu- ja munakrõpsud 65
Tagurpidi juustu-tomatipuding 66
Pitsakoogid 67
Ingveri ahven sibulaga 69
Forellipakid 70
Helendav merikukk õhukeste ubadega 71
Helendavad krevetid mangetoutiga 72
Normandia tursk siidri ja Calvadosega 73
Kala Paella 75
Leotatud heeringas 76
Moules Marineries 77
Makrell rabarberi-rosinakastmega 79
Heeringas õunasiidri kastmega 81
Karpkala tarretises kastmes 81
Rollmops aprikoosidega 82
Kipper tehtud 83
Krevetid Madras 84
Martini lestarullid kastmega 85
Karbid Raguu kreeka pähklitega 87
Cod Hot-pot 89
Suitsutatud tursk Hot-potis 90
Merikuradi kuldses sidruni-koorekastmes 90
Tald kuldse sidruni koorekastmes 92
Lõhe Hollandaise 92
Lõhe Hollandaise koriandriga 93
Lõhe majoneesi helbed 94

Vahemere stiilis lõhe praad 94
Kedgeree Curryga 95
Kedgeree suitsulõhega 97
Suitsutatud kala Quiche 97
Louisiana krevettide Gumbo 98
Merekala Gumbo 100
Segatud kala Gumbo 100
Forell mandlitega 100
Provence'i krevetid 101
Lest sellerikastmes röstitud mandlitega 103
Filee tomatikastmes majoraaniga 103
Filee seenekastmes kressiga 104
Tursk segatud munaputruga 104
Kilttursk ja köögiviljad siidrikastmes 106
Rannatort 107
Smoky Fish Toppers 109
Coley filee porru- ja sidrunimarmelaadiga 110
Merekala jopes 111
Rootsi tursk sulavõi ja munaga 112
Mereannid Stroganoff 113
Värske tuunikala Stroganoff 114
Valge kala Ragout Supreme 114
Lõhevaht 116
Lõhevaht dieedipidajatele 118
Krabi Mornay 118
Tuna Mornay 119
Punane lõhe Mornay 119

Mereandide ja kreeka pähklite kombinatsioon 120
Lõherõngas tilliga 122
Segakala rõngas peterselliga 123
Tursahautis peekoni ja tomatiga 124
Lieknej kala 125
Praetud kana 127
Glasuuritud praekana 128
Tex-mex kana 129
Kroonimiskana 130
Kana Veronique 131
Kana äädikakastmes estragoniga 132
Taani praekana peterselli täidisega 132
Kana Simla 133
Vürtsikas kana kookose ja koriandriga 133
Vürtsikas jänes 134
Vürtsikas Türgi 135
Kana Bredie tomatitega 135
Hiina punane keedetud kana 136
Aristokraatlikud kanatiivad 137
Kana Chow Mein 138
Kanakotlet Suey 139
Kiire marineeritud hiina kana 139
Hongkongi kana köögiviljasegude ja oa võrsetega 140
Kana Golden Dragon kastmega 141
Ingveri kanatiivad salatiga 142
Bangkoki kookospähkli kana 143
Kana Satay 144

Maapähkli kana ... 145
India kana jogurtiga ... 146
Jaapani kana munaga ... 147
Portugali kanahautis ... 148
Inglise stiilis vürtsikas kanahautis ... 149
Kompromiss Tandoori kana ... 149
Puuvilja- ja pähklivõi juustukook ... 151
Konserveeritud ingveri kook ... 152
Konserveeritud ingveritort apelsiniga ... 153
Meekook pähklitega ... 154
Ingveri meekook ... 155
Ingveri siirupi kook ... 156
Traditsioonilised piparkoogid ... 157
Apelsini piparkoogid ... 158
Kohvi aprikoosi kook ... 158
Rooma ananassikook ... 159
Rikkalik jõulukook ... 160
Kiire Simneli kook ... 162
Seemnekook ... 163
Lihtne puuviljakook ... 165
Datli- ja pähklikook ... 166
Porgandipirukas ... 167
Pastinaagipirukas ... 168
Kõrvitsapirukas ... 169
Skandinaavia kardemonitort ... 170
Puuvilja tee leib ... 172
Victoria võileivatort ... 173

Pähklikook ... 173
Karoobikook ... 174
Lihtne šokolaadikook ... 175
Mandlikook ... 175
Victoria Sandwich Gâteau ... 175
Lasteaia tee biskviit ... 176
Sidruni biskviit ... 177
Oranž biskviit ... 177
Espresso kook ... 178
Espresso kohvitort apelsinijäätisega ... 179
Espresso kohvi koorekook ... 179
Rosinatassi koogid ... 180
Kookose tassi koogid ... 181
Šokolaadikoogid ... 181
Banaanivürtsi kook ... 182
Banaanivürtskook ananassiga ... 183
Võikreemi glasuur ... 183
Chocolate Fudge Frosting ... 184
Loote tervise kiilud ... 185
Vilja terved viilud aprikoosidega ... 186
Murukook ... 186
Super krõbe tainast kook ... 187
Väga pehme taigna kook ... 187
Vürtsikas kook ... 187
Hollandi stiilis küpsetis ... 187
Kaneeli pallid ... 188
Kuldsed konjaki tilad ... 188

Šokolaadibrändi suupisted 190
Kuklikesed 190
Rosina muffini skoonid 192
Leib 192
Põhiline saia tainas 192
Põhiline pruuni leiva tainas 193
Põhiline piimaleiva tainas 194
Bap Loaf 194
Bap Rolls 195
Hamburgeri kuklid 195
Magusad puuviljarullid 196
Cornwalli rajoon 196
Ilusad rullid 196
Rullid koos tarvikutega 197
Köömneleib 197
rukkileib 198
Õli leib 198
Itaalia leib 199
Hispaania leib 199
Tikka Masala leib 199
Puuviljane linnasesai 200
Iiri soodaleib 202
Soodaleib kliidega 203
Elustage aegunud leib 203
Kreeka Pitas 204
Tarretatud kirsid sadamas 204
Tarretis kirsi siidris 205

Kuum ananass 206
Kuumad Sharoni puuviljad 207
Kuumad virsikud 207
Roosad pirnid 208
jõulupuding 209
Või ploomipuding 210
Ploomipuding õliga 210
Puuviljasuflee klaasides 211
Peaaegu kiire jõulupuding 212

Itaalia kartulisupp

Serveerib 4-5

1 suur sibul, hakitud
30 ml/2 spl oliivi- või päevalilleõli
4 suurt kartulit
1 väike keedetud singi luu
1,25 liitrit / 2¼ pt / 5½ tassi kuuma kanapuljongit
Sool ja värskelt jahvatatud must pipar
60 ml/4 spl ühekordset (kerget) koort
Riivitud muskaatpähkel
30 ml/2 spl hakitud peterselli

Asetage sibul ja õli 2,25-liitrisesse/4 pt/10 tassi kaussi. Küpseta kaaneta sulatusrežiimil 5 minutit, segades kaks korda. Vahepeal koori ja riivi kartulid. Sega hulka sibul ja lisa singiluu, kuum puljong ning maitse järgi soola ja pipart. Kata plaadiga ja küpseta Full ahjus 15-20 minutit, kaks korda segades, kuni kartulid on pehmed. Sega koor, vala supikaussidesse ning puista peale muskaatpähkel ja petersell.

Värske tomati ja selleri supp

Serveerib 6-8

900 g küpseid tomateid, blanšeeritud, kooritud ja neljaks lõigatud

50 g / 2 untsi / ¼ tassi võid või margariini või 30 ml / 2 spl oliiviõli

2 sellerivart, peeneks hakitud

1 suur sibul, peeneks hakitud

30ml/2spl tumepehmet pruuni suhkrut

5 ml/1 tl sojakastet

2,5 ml / ½ tl soola

300 ml/½ pt/1¼ tassi kuuma vett

30 ml/2 spl maisijahu (maisitärklis)

150 ml / ¼ pt / 2/3 tassi külma vett

Keskmine šerri

Püreesta tomatid blenderi või köögikombainiga. Asetage või, margariin või õli 1,75-liitrisesse/3 pt/7½ tassi anumasse. Kuumuta täielikult 1 minut. Sega seller ja sibul. Kata taldrikuga ja küpseta Full 3 minutit. Lisa püreestatud tomatid, suhkur, sojakaste, sool ja kuum vesi. Kata nagu enne ja küpseta Full 8 minutit, segades neli korda. Vahepeal sega maisijahu külma veega ühtlaseks. Sega supi hulka. Küpseta kaaneta täis kuumusel 8 minutit, segades neli korda. Valage supikaussidesse ja lisage igasse tilk šerrit.

Tomatisupp avokaadokastmega

Serveerib 8

2 küpset avokaadot
1 väikese laimi mahl
1 küüslauguküüs, hakitud
30 ml/2 spl sinepimajoneesi
45 ml / 3 spl crème fraîche'i
5 ml/1 tl soola
Näputäis kurkumit
600 ml/20 fl oz/2 purki kondenseeritud tomatisuppi
600 ml/1 pt/2½ tassi sooja vett
2 tomatit, blanšeeritud, kooritud, seemnetest puhastatud ja neljaks lõigatud

Koori avokaadod ja lõika pooleks, eemaldades kivid (süvendid). Püreesta viljaliha peeneks, seejärel sega laimimahla, küüslaugu, majoneesi, crème fraîche'i, soola ja kurkumiga. Katke ja jahutage kuni vajaduseni. Valage mõlemad supipurgid 1,75-liitrisesse potti (3 pt / 7½ tassi). Vahusta õrnalt vees. Lõika tomati viljaliha ribadeks ja vala kaks kolmandikku supi sisse. Kata roog taldrikuga ja küpseta Full 9 minutit, kuni see on väga kuum, segades neli või viis korda. Valage supikaussidesse ja valage igale peale kulbitäis avokaadokastet. Kaunista ülejäänud tomatiribadega.

Jahutatud juustu-sibulasupp

Serveerib 6-8

25 g / 1 unts / 2 spl võid või margariini

2 sibulat, hakitud

2 sellerivart, peeneks hakitud

30 ml/2 spl. lihtne (universaalne) jahu

900 ml/1½ tl/3¾ tassi sooja kana- või köögiviljapuljongit

45ml/3 spl kuiva valget veini või valget portveini

Sool ja värskelt jahvatatud must pipar

125 g / 4 untsi / 1 tass sinihallitusjuustu, purustatud

125 g / 4 untsi / 1 tass riivitud Cheddari juustu

150 ml/¼ pt/2/3 tassi vahukoort

Kaunistuseks peeneks hakitud salvei

Asetage või või margariin 2,25-liitrisesse / 4 pt / 10 tassi anumasse. Sulatage, kaaneta, sulatusrežiimil 1½ minutit. Sega sibul ja seller. Kata taldrikuga ja küpseta Full 8 minutit. Eemaldage mikrolaineahjust. Sega juurde jahu, seejärel sega järk-järgult puljong ja vein või portvein. Kata nagu enne ja küpseta Full 10-12 minutit, vispeldades iga 2-3 minuti järel, kuni supp on ühtlane, paksenenud ja kuum. Maitsesta maitse järgi. Lisa juustud ja sega kuni sulamiseni. Kata kaanega ja lase jahtuda, seejärel tõsta mitmeks tunniks või üleöö külmkappi. Enne serveerimist segage ja segage õrnalt koor. Vala tassidesse või kaussidesse ja puista igasse pisut salvei.

Šveitsi stiilis juustusupp

Serveerib 6-8

25 g / 1 unts / 2 spl võid või margariini

2 sibulat, hakitud

2 sellerivart, peeneks hakitud

30 ml/2 spl. lihtne (universaalne) jahu

900 ml/1½ tl/3¾ tassi sooja kana- või köögiviljapuljongit

45ml/3 spl kuiva valget veini või valget portveini

5 ml/1 tl köömneid

1 küüslauguküüs, hakitud

Sool ja värskelt jahvatatud must pipar

225 g / 8 untsi / 2 tassi Emmentali või Gruyère'i (Šveitsi) juustu, riivitud

150 ml/¼ pt/2/3 tassi vahukoort

Krutoonid

Asetage või või margariin 2,25-liitrisesse / 4 pt / 10 tassi anumasse. Sulatage, kaaneta, sulatusrežiimil 1½ minutit. Sega sibul ja seller. Kata taldrikuga ja küpseta Full 8 minutit. Eemaldage mikrolaineahjust. Sega juurde jahu, seejärel sega järk-järgult puljong ja vein või portvein. Sega juurde köömned ja küüslauk. Kata nagu enne ja küpseta Full 10-12 minutit, vispeldades iga 2-3 minuti järel, kuni supp on kuum, ühtlane ja paksenenud. Maitsesta maitse järgi. Lisa juust ja sega kuni sulamiseni. Sega juurde koor. Vala tassidesse või kaussidesse ja serveeri kuumalt, krutoonidega kaunistatud.

Avgolemoni supp

Serveerib 6

1,25 liitrit / 2¼ pt / 5½ tassi kuuma kanapuljongit
60 ml/4 spl risoto riisi
2 sidruni mahl
2 suurt muna
Sool ja värskelt jahvatatud must pipar

Valage puljong sügavasse 1,75-liitrisesse / 3 pt / 7½ tassi nõusse. Sega juurde riis. Kata plaadiga ja küpseta Full ahjus 20-25 minutit, kuni riis on pehme. Vahusta sidrunimahl ja munad supipotis või muus suures serveerimisnõus korralikult läbi. Vala õrnalt puljong ja riis. Enne serveerimist maitsesta.

Kreemjas kurgisupp pastisega

Serveerib 6-8

900 g/2 naela kurki, kooritud
45 ml/3 spl võid või margariini
30 ml/2 spl maisijahu (maisitärklis)
600 ml / 1 pt / 2½ tassi kana- või köögiviljapuljongit
300 ml / ½ pt / 1¼ tassi vahukoort
7,5-10 ml / 1½-2 tl soola
10 ml/2 tl Pernod või Ricard (pasta)
Värskelt jahvatatud must pipar
Tükeldatud till (tilliumbrohi)

Viiluta kurk riivi või köögikombaini lõikekettaga väga õhukeseks. Asetage kaussi, katke ja laske 30 minutit seista, et osa niiskusest vabaneks. Vääna puhta rätikuga (nõudelapiga) võimalikult kuivaks. Asetage või või margariin 2,25-liitrisesse / 4 pt / 10 tassi anumasse. Sulatage, kaaneta, sulatusrežiimil 1½ minutit. Sega juurde kurk. Kata plaadiga ja küpseta Full 5 minutit kolm korda segades. Sega maisijahu vähese puljongiga ühtlaseks massiks, seejärel vala hulka ülejäänud puljong. Sega vähehaaval kurgi hulka. Keeda kaaneta täis kuumusel umbes 8 minutit, kolm või neli korda segades, kuni supp on kuum, ühtlane ja paksenenud. Lisa koor, sool ja pasta ning sega korralikult läbi. Kuumuta kaaneta kokku 1-1,5 minutit. Maitsesta pipraga maitse järgi.

Karrisupp riisiga

Serveerib 6

Mõnusalt mahe anglo-india kanasupp.

30 ml/2 supilusikatäit maapähkli- või päevalilleõli
1 suur sibul, hakitud
3 sellerivart, peeneks hakitud
15 ml/1 spl mahedat karripulbrit
30 ml/2 supilusikatäit keskmiselt kuiva šerrit
1 liiter / 1¾ pt. / 4¼ tassi kana- või köögiviljapuljongit
125 g/4 untsi/½ tassi pikateralist riisi
5 ml/1 tl soola
15 ml/1 spl sojakastet
175 g / 6 untsi / 1½ tassi ribadeks lõigatud keedetud kana
Serveerimiseks paks maitsestamata jogurt või crème fraîche

Valage õli 2,25-liitrisesse / 4 pt / 10 tassi anumasse. Kuumuta, kaaneta, kuni valmis, 1 minut. Lisa sibul ja seller. Küpseta kaaneta kõrgel kuumusel 5 minutit, korra segades. Sega karripulber, šerri, puljong, riis, sool ja sojakaste. Kata plaadiga ja küpseta Full ahjus 10 minutit, kaks korda segades. Lisa kana. Kata nagu enne ja küpseta Full 6 minutit. Valage kaussidesse ja valage iga peale jogurt või crème fraîche.

Vichyssoise

Serveerib 6

Kvaliteetne ja jahutatud versioon porru- ja kartulisupist, mille leiutas 20. sajandi alguses Ameerika kokk Louis Diat.

2 paari
350 g/12 untsi kartulit, kooritud ja viilutatud
25 g / 1 unts / 2 spl võid või margariini
30 ml/2 supilusikatäit vett
450 ml / ¾ pt / 2 tassi piima
15 ml/1 spl maisijahu (maisitärklis)
150 ml / ¼ pt / 2/3 tassi külma vett
2,5 ml / ½ tl soola
150 ml/¼ pt/2/3 tassi ühekordset (kerget) kreemi
Hakitud küüslauk, kaunistatud

Tükelda porru, lõika suurem osa rohelisi. Lõika ülejäänud osa ja peske hoolikalt. Viiluta paksult. Asetage 2-kvartise/3½ pt/8½-tassi potti koos kartulite, või või margariini ja veega. Kata plaadiga ja küpseta Full ahjus 12 minutit, segades neli korda. Tõsta blenderisse, lisa piim ja blenderda püreeks. Tagasi tassi juurde. Sega maisijahu veega ühtlaseks ja lisa anumasse. Maitsesta maitse järgi soolaga. Küpseta kaaneta kõrgel kuumusel 6 minutit, iga minut vispeldades. Lase jahtuda. Sega juurde koor. Kata ja jahuta hästi. Vala kaussidesse ja puista igale portsjonile murulauku.

Jahutatud kurgisupp jogurtiga

Serveerib 6-8

25 g / 1 unts / 2 spl võid või margariini
1 suur küüslauguküüs
1 kurk, kooritud ja jämedalt riivitud
600 ml/1 pt/2½ tassi tavalist jogurtit
300 ml/½ pt/1¼ tassi piima
150 ml / ¼ pt / 2/3 tassi külma vett
2,5-10 ml / ½-2 tl soola
Kaunistuseks hakitud piparmünt

Asetage või või margariin 1,75-liitrisesse/3 pt/7½ tassi nõusse. Kuumuta, kaaneta, kuni valmis, 1 minut. Pressi küüslauk ja lisa kurk. Keeda kaaneta kõrgel kuumusel 4 minutit, segades kaks korda. Eemaldage mikrolaineahjust. Lisa kõik ülejäänud koostisosad. Katke ja jahutage mitu tundi. Vala kaussidesse ja puista igale portsjonile piparmünt.

Jahutatud spinatisupp jogurtiga

Serveerib 6-8

25 g / 1 unts / 2 spl võid või margariini
1 suur küüslauguküüs
450 g/1 naela noori spinati lehti, tükeldatud
600 ml/1 pt/2½ tassi tavalist jogurtit
300 ml/½ pt/1¼ tassi piima
150 ml / ¼ pt / 2/3 tassi külma vett
2,5-10 ml / ½-2 tl soola
1 sidruni mahl
Kaunistuseks riivitud muskaatpähklit või jahvatatud kreeka pähkleid

Asetage või või margariin 1,75-liitrisesse/3 pt/7½ tassi nõusse. Kuumuta, kaaneta, kuni valmis, 1 minut. Suru sisse küüslauk ja lisa spinat. Keeda kaaneta kõrgel kuumusel 4 minutit, segades kaks korda. Eemaldage mikrolaineahjust. Blenderda segisti või köögikombaini abil jämedaks püreeks. Lisa kõik ülejäänud koostisosad. Katke ja jahutage mitu tundi. Vala kaussidesse ja puista igale portsjonile muskaatpähklit või jahvatatud kreeka pähkleid.

Soolatud külmutatud tomatisupp

Serveerib 4-5

300 ml/½ pt/1¼ tassi vett

300 ml/10 fl untsi/1 purk Kondenseeritud tomatisupp

30 ml/2 spl kuiva šerrit

150 ml/¼ pt/2/3 tassi topelt (rasket) koort

5 ml/1 tl Worcestershire'i kastet

Hakitud küüslauk, kaunistatud

Valage vesi 1,25-liitrisesse / 2¼ pt / 5½ tassi kaussi ja kuumutage kaaneta täisrežiimil 4–5 minutit, kuni see hakkab lihtsalt mullitama. Vala tomatisupi sisse. Kui see on täielikult segunenud, segage ülejäänud koostisosad hästi. Katke ja jahutage 4-5 tundi. Sega, vala klaasanumatesse ja puista igasse murulauku.

New England Fish Chowder

Serveerib 6-8

Põhja-Ameerikas alati pühapäevaseks hommikusöögiks serveeritud merekarp on ülim klassika, kuid kuna merekarpe pole nii lihtne saada, on asendatud valge kalaga.

5 triibulist peekoni viilu (viilud), jämedalt hakitud
1 suur sibul, kooritud ja riivitud
15 ml/1 spl maisijahu (maisitärklis)
30 ml/2 spl külma vett
450 g/1 naela kartulit, lõigatud 1 cm/½ kuubikuteks
900 ml/1½ punkti/3¾ tassi kuuma täispiima
450 g/1 naela kõva siiafileed, kooritud ja hammustussuurusteks tükkideks lõigatud
2,5 ml/½ tl jahvatatud muskaatpähklit
Sool ja värskelt jahvatatud must pipar

Asetage peekon 2,5 kvarti/4½ pt/11 tassi kaussi. Lisa sibul ja küpseta kaaneta täis kuumusel 5 minutit. Sega maisijahu veega ühtlaseks ja sega kausis läbi. Sega kartulid ja pool kuumast piimast. Küpseta kaaneta kõrgel kuumusel 6 minutit, segades kolm korda. Sega juurde ülejäänud piim ja küpseta kaaneta 2 minutit. Lisa kala koos muskaatpähkliga ja maitsesta. Kata taldrikuga ja küpseta Full ahjus 2 minutit, kuni kala on pehme. (Ärge muretsege, kui kala hakkab ketendama.) Valage sügavatesse kaussidesse ja sööge kohe.

Krabisupp

Serveerib 4

25 g / 1 unts / 2 spl soolamata (magusat) võid
20 ml/4 tl tavalist (universaal)jahu
300 ml/½ pt/1¼ tassi soojendatud koort piima
300 ml/½ pt/1¼ tassi vett
2,5 ml/½ tl inglise sinepit
Natuke teravat piprakastet
25 g / 1 unts / ¼ tassi riivitud Cheddari juustu
175 g/6 untsi heledat ja tumedat krabiliha
Sool ja värskelt jahvatatud must pipar
45 ml/3 spl kuiva šerrit

Asetage või 1,75-liitrisesse nõusse, mille maht on 3 pt / 7½ tassi. Sulatage sulatamisel 1-1,5 minutit. Sega juurde jahu. Küpseta kaaneta täis kuumusel 30 sekundit. Sega vähehaaval juurde piim ja vesi. Küpseta kaaneta kõrgel kuumusel 5–6 minutit, kuni see on ühtlane ja paksenenud, vahustades iga minut. Segage kõik ülejäänud koostisosad. Küpseta kaaneta 1½ kuni 2 minutit, kaks korda segades, kuni kuumus on kuum.

Krabi ja sidrunisupp

Serveerib 4

Valmista nagu krabisupi puhul, kuid lisa 5 ml/1 tl peeneks riivitud sidrunikoort koos ülejäänud koostisosadega. Puista igale portsjonile veidi riivitud muskaatpähklit.

Homaari biskviit

Serveerib 4

Valmista nagu krabisupp, kuid asenda piim ühekordse (kerge) koorega ja krabiliha tükeldatud homaarilihaga.

Kuivatatud pakisupp

Valage paki sisu 1,25-liitrisesse/2¼ pt/5½ tassi anumasse. Sega vähehaaval hulka soovitatav kogus külma vett. Kata kaanega ja lase 20 minutit seista, et köögiviljad pehmeneksid. Sega kokku. Kata taldrikuga ja keeda 6-8 minutit Full, kaks korda segades, kuni supp keeb ja pakseneb. Lase seista 3 minutit. Sega läbi ja serveeri.

Kondenseeritud supp konserv

Valage supp 1,25-liitrisesse / 2¼ pt / 5½ tassi mõõtekannu. Lisa 1 purk keeva vett ja klopi korralikult läbi. Kata taldriku või taldrikuga ja kuumuta Full peal 6-7 minutit, kaks korda vispeldades, kuni supp lihtsalt keeb. Vala kaussidesse ja serveeri.

Suppide soojendamine

Parimate tulemuste saavutamiseks soojendage läbipaistvaid või õhukesi suppe režiimil Full ning kooresuppe ja puljongit Defrost.

Munade soojendamine toiduvalmistamiseks

Hindamatu, kui otsustate küpsetada viimasel hetkel ja vajate toatemperatuuril mune.

1 muna kohta: klopi muna väikesesse kaussi või tassi. Torgake munakollane vardas või noaotsaga kaks korda läbi, et vältida naha rebenemist ja munakollase lõhkemist. Kata anum või tass taldrikuga. Kuumutage 30 sekundit sulatades.

2 muna jaoks: nagu 1 muna puhul, aga kuumuta 30-45 sekundit.

3 muna jaoks: nagu 1 muna puhul, kuid kuumuta 1-1¼ min.

Keedetud munad

Neid on kõige parem toidukordade sees eraldi küpsetada.

1 muna kohta: vala 90 ml/6 spl kuuma vett madalasse nõusse. Valguse levimise vältimiseks lisage 2,5 ml/½ teelusikatäit pehmet äädikat.

Murdke ettevaatlikult tassi 1 muna, purustatud enne. Torka munakollane vardas või noaotsaga kaks korda läbi. Kata taldrikuga ja küpseta Full ahjus 45 sekundit kuni 1¼ minutit, olenevalt sellest, kui palju valku sulle meeldib. Lase seista 1 minut. Eemaldage konteinerist koos perforeeritud kalafileega.

2 muna jaoks, keedetakse korraga 2 roas:küpseta täielikult 1½ minutit. Laske 1¼ minutit seista. Kui valged on liiga vedelad, küpseta veel 15-20 sekundit.

3 muna jaoks, keedetud korraga 3 roas:küpseta täielikult 2-2½ minutit. Lase 2 minutit seista. Kui valged on liiga vedelad, küpseta veel 20-30 sekundit.

Praetud (hautatud) munad

Mikrolaineahi teeb siin suurepärast tööd ning munad tulevad pehmed ja kohevad, alati päikesepaisteline pool üleval ja valgete servadega, mis ei kõverdu kunagi. Üle 2 muna ei ole soovitatav korraga praadida, sest munakollased küpsevad kiiremini kui valged ja muutuvad kõvaks. Selle põhjuseks on pikem küpsetusaeg, mis on vajalik valkude tardumiseks. Kasutage portselani või savinõusid ilma igasuguse kaunistuseta, nagu seda tehakse Prantsusmaal.

1 muna kohta: määri väike portselan- või keraamiline nõu kergelt sulavõi, margariini või vähese lahja oliiviõliga. Murdke muna tassi ja asetage see ettevalmistatud anumasse. Torka munakollane vardas või noaotsaga kaks korda läbi. Maitsesta kergelt soola ja värskelt jahvatatud musta pipraga. Kata taldrikuga ja küpseta Full 30 sekundit. Lase seista 1 minut. Jätkake küpsetamist veel 15-20 sekundit. Kui valk pole piisavalt seatud, küpseta veel 5-10 sekundit.

2 muna jaoks: sama mis 1 muna, aga kõigepealt keeda 1 minut täis, siis jäta 1 minutiks seisma. Küpseta veel 20-40 sekundit. Kui valged ei ole piisavalt jäigad, oodake veel 6-8 sekundit.

Piperade

Serveerib 4

30 ml/2 spl oliiviõli
3 sibulat, väga õhukesteks viiludeks
2 rohelist (bulgaaria) paprikat, kivideta ja peeneks hakitud
6 tomatit, blanšeeritud, kooritud, seemnetest puhastatud ja tükeldatud
15 ml/1 spl hakitud basiilikulehti
Sool ja värskelt jahvatatud must pipar
6 suurt muna

60 ml/4 spl topelt (rasket) koort
Röstsai, serveeri

Valage õli sügavasse 25 cm/10 läbimõõduga nõusse ja kuumutage kaaneta režiimil Full 1 minut. Sega hulka sibul ja paprika. Kata plaadiga ja küpseta Defrost'il 12-14 minutit, kuni köögiviljad on pehmed. Sega juurde tomatid ja basiilik ning maitsesta. Kata nagu enne ja küpseta Full 3 minutit. Klopi munad ja koor korralikult lahti ning maitsesta. Vala anumasse ja sega köögiviljadega. Küpseta kaaneta kõrgel kuumusel 4–5 minutit, kuni see on kergelt pruunistunud, segades iga minut. Kata kaanega ja lase seista 3 minutit enne serveerimist koos kooriku krutoonidega.

Piperade Gammoniga

Serveerib 4

Valmistage ette nagu Piperade puhul, kuid lisage lusikaga röstitud (aurutatud) leiba ja pange igale peale grillitud (praetud) või mikrolaineahjus küpsetatud gammonipann (viil).

Piperada

Serveerib 4

Piperade hispaania versioon.

Valmistage nagu Piperade, kuid lisage 2 hakitud küüslauguküünt keedetud köögiviljadele koos sibula ja rohelise (paprika) ja lisage 125 g / 4 untsi / 1 tassi jämedalt hakitud sinki. Kaunista iga portsjon viilutatud täidetud oliividega.

Firenze munad

Serveerib 4

450 g/1 naela värsket keedetud spinatit

60 ml/4 spl vahukoort

4 munapuder, keedetud 2 korraga

300 ml/½ pt/1¼ tassi kuuma juustukastet või Mornay kastet

50 g / 2 untsi / ½ tassi riivjuustu

Sega spinat ja koor köögikombainis või blenderis. Vooderda võiga määritud madal 18cm/7cm ahjuvorm. Kata plaadiga ja kuumuta Full

1½ minutit. Aseta peale munad ja kata kuuma kastmega. Puista peale juust ja rösti kuumal grillil (broiler).

Rossini keedetud muna

TEENUS 1

See teeb elegantse kerge lõunasöögi lehtsalatiga.

Prae (sauté) või rösti täisteraleiva kooritud viilud. Määri peale sileda maksapasteeti, veidi trühvlit, kui hind lubab. Vala peale värskelt pošeeritud kõvaks keedetud munad ja serveeri kohe.

Baklažaani munapuder

Serveerib 4

Iisraeli idee, mis sobib hästi mikrolaineahjuks. Maitse on kummaliselt võimas.

750 g/1½ naela baklažaanid (baklažaanid)
15 ml/1 spl sidrunimahla
15 ml/1 spl maisi- või päevalilleõli
2 sibulat, peeneks hakitud
2 küüslauguküünt, hakitud
4 suurt muna
60 ml/4 spl piima
Sool ja värskelt jahvatatud must pipar
Kuum võiga määritud röstsai, serveeritud

Lõika baklažaani tipp ja saba pooleks. Aseta suurele taldrikule, lõika küljed allapoole ja kata köögipaberiga. Küpseta kõrgel kuumusel 8-9 minutit või kuni pehme. Kühveldage viljaliha kestadest otse köögikombaini koos sidrunimahlaga ja püreesta jämedaks. Valage õli 1,5-liitrisesse/2½ pt/6 tassi anumasse. Kuumuta kaaneta 30 sekundit. Sega hulka sibul ja küüslauk. Keeda kaaneta täis kuumusel 5 minutit. Klopi munad piimaga lahti ja maitsesta hästi. Vala kaussi ja küpseta sibula ja küüslauguga Full 2 minutit, segades iga 30 sekundi järel. Sega sibul ja küüslauk ning vala baklažaanipüree. Jätkake küpsetamist kaaneta kõrgel kuumusel 3–4 minutit, segades iga 30 sekundi järel, kuni segu pakseneb ja munad on lahti klopitud.

Klassikaline omlett

Teenib 1

Kerge tekstuuriga omlett, mida saab serveerida nii tavalisena kui ka täidisega.

Sulatatud või või margariin

3 muna

20 ml/4 tl soola

Värskelt jahvatatud must pipar

30 ml/2 spl külma vett

Petersell või kress, kaunistatud

Määri madal 20 cm/8 läbimõõduga vorm sulavõi või margariiniga. Klopi munad väga hästi läbi kõigi ülejäänud koostisosadega, välja arvatud kaunistus. (Munade kergelt lahti kloppimisest ei piisa, nagu traditsiooniliste omlettide puhul.) Vala anumasse, kata taldrikuga ja tõsta mikrolaineahju. Küpseta tervelt 1½ minutit. Avage ja segage munasegu õrnalt puulusika või kahvliga, viies osaliselt kinnitunud servad keskpunkti poole. Kata nagu enne ja pane tagasi mikrolaineahju. Küpseta tervelt 1½ minutit. Avage kaas ja jätkake küpsetamist 30–60 sekundit või kuni pealmine osa on hangunud. Voldi kolmeks osaks ja aseta soojendatud taldrikule. Kaunista ja serveeri kohe.

Maitsestatud omlett

Teenib 1

Peterselli omlett: valmista klassikalise omlettina, kuid pärast omleti küpsemist esimesed 1½ minutit puista munadele 30 ml/2spl hakitud peterselli.

Murulauk omlett: valmista klassikalise omlettina, kuid pärast seda, kui omlett on esimesed 1½ minutit küpsenud, puista munadele 30 ml/2 spl hakitud küüslauku.

Vesikressi omlett: valmista klassikalise omlettina, kuid pärast seda, kui omlett on esimesed 1½ minutit küpsenud, puista munadele 30ml/2spl hakitud kressi.

Omlett aux Fines Herbes: valmista nagu klassikalise omleti puhul, kuid pärast seda, kui omlett on esimesed 1½ minutit küpsenud, puista munadele 45ml/3spl segatud hakitud peterselli, kirsi ja basiilikut. Võib lisada ka veidi värsket estragoni.

Praetud omlett koriandriga: tee nagu klassikaline omlett, aga klopi munad ja vesi 5-10ml/1-2 tl karripulbri, soola ja pipraga lahti. Kui omlett küpseb esimese 1,5 minuti jooksul, puista munadele 30 ml/2 spl hakitud koriandrit (koriandrit).

Juustu ja sinepi omlett: valmista klassikalise omlettina, aga klopi munad ja vesi 5 ml/1 tl valmis sinepi ja 30 ml/2 sl väga peeneks riivitud ja hea maitsega kõva juustuga, ilma soola ja piprata.

Lõunaks omlett

Serveerib 1-2

Põhja-Ameerika stiilis omlett, mida serveeritakse traditsiooniliselt pühapäeva lõunaks. Hommikusöögiomletti saab maitsestada ja täita nagu klassikalist omletti.

Valmistage klassikalise omlettina, kuid asendage 30 ml / 2 spl vett 45 ml / 3 spl külma piimaga. Pärast katmata jätmist küpseta 1–1½ minutit täisrežiimil. Voldi kolmeks osaks ja aseta ettevaatlikult taldrikule.

Keedumuna sulatatud juustuga

Teenib 1

1 viil kuuma võiga määritud röstsaia
45 ml/3 spl toorjuustu
Tomati ketšup (catsup)
1 lahtiklopitud muna
60-75ml/4-5 spl riivjuustu
paprika

Määri röstsaiale toorjuust, seejärel tomatiketšup. Aseta taldrikule. Määri pealt lahtiklopitud munaga, seejärel puista peale riivjuust ja puista peale paprika. Kuumuta kaaneta režiimil Defrost 1-1,5 minutit, kuni juust hakkab sulama. Söö kohe.

Benedicti munad

Serveerib 1-2

Ükski Põhja-Ameerika pühapäevane hommikueine pole täielik ilma Eggs Benedictita, jõhkralt rikkaliku munade segu, mis eirab kõiki kalori- ja kolesteroolipiiranguid.

Tükelda ja rösti kukkel või pannkook. Tõsta peale tükk (viil) tavapäraselt praetud (röstitud) mahedat peekonit, seejärel pintselda mõlemalt poolt värskelt pošeeritud munaga. Pintselda hollandaise kastmega, seejärel puista kergelt paprikaga. Söö kohe.

Omlett Arnold Bennett

Serveerib 2

Väidetavalt lõi selle Londoni Savoy hotelli peakokk kuulsa kirjaniku auks. See on monumentaalne ja meeldejääv omlett igaks eriliseks päevaks ja pidustuseks.

175g/6oz suitsutatud kilttursa- või tursafilee
45 ml/3 spl keeva veega
120 ml / 4 fl untsi / ½ tassi crème fraîche
Värskelt jahvatatud must pipar
Sulatatud või või margariin, pintsliga
3 muna
45 ml/3 spl külma piima
Näputäis soola
50 g / 2 untsi / ½ tassi värvilist Cheddari või punase Leicesteri juustu, riivitud

Asetage kala madalasse veekaussi. Kata taldrikuga ja küpseta Full 5 minutit. Lase 2 minutit seista. Nõruta ja tükelda viljaliha kahvliga. Lisa crème fraîche ja maitsesta pipraga. Määri 20 cm/8 läbimõõduga madal vorm sulavõi või margariiniga. Klopi munad piima ja soolaga korralikult lahti. Valage anumasse. Kata taldrikuga ja küpseta Full 3 minutit, nihutades poole küpsetamise ajal servad keskele. Katke kaas ja küpseta täiskuumuses veel 30 sekundit. Määri kala ja koore seguga ning puista peale juust. Küpseta kaaneta kõrgel kuumusel 1–1,5 minutit, kuni omlett on kuum ja juust sulanud. Jaga kaheks osaks ja serveeri kohe.

Tortilla

Serveerib 2

Kuulus Hispaania omlett on ümmargune ja lame nagu pannkook. Sobib hästi saiaviilude või kuklitega ning krõbeda rohelise salatiga.

15 ml/1 spl võid, margariini või oliiviõli
1 sibul, peeneks hakitud
175 g / 6 untsi kuubikuteks lõigatud keedetud kartulit
3 muna
5 ml/1 tl soola
30 ml/2 spl külma vett

Lisa või, margariin või õli sügavale 20 cm/8 läbimõõduga nõusse. Kuumutage sulatamise ajal 30–45 sekundit. Sega hulka sibul. Kata plaadiga ja küpseta Defrost'il 2 minutit. Sega juurde kartulid. Kata nagu enne ja küpseta Full 1 minut. Eemaldage mikrolaineahjust. Klopi munad soola ja veega korralikult lahti. Vala ühtlaselt sibulale ja kartulile. Küpseta kaaneta täis kuumusel 4,5 minutit, panni korra keerates. Lase seista 1 minut, jaga seejärel kaheks osaks ja tõsta iga portsjon taldrikule. Söö kohe.

Hispaania omlett köögiviljasegadega

Serveerib 2

30 ml/2 spl võid, margariini või oliiviõli

1 sibul, peeneks hakitud

2 tomatit, kooritud ja tükeldatud

½ väikest rohelist või punast (paprikat) peeneks hakitud

3 muna

5-7,5 ml / 1-1,5 tl soola

30 ml/2 spl külma vett

Lisa või, margariin või õli sügavale 20 cm/8 läbimõõduga nõusse. Kuumuta režiimil Defrost 1½ minutit. Sega sibul, tomatid ja hakitud pipar. Kata plaadiga ja küpseta Defrost'il 6-7 minutit, kuni see on pehme. Klopi munad soola ja veega korralikult lahti. Vala ühtlaselt köögiviljadele. Kata plaadiga ja küpseta pannil üks kord keerates 5-6 minutit, kuni munad on hangunud. Jaga kaheks osaks ja tõsta iga osa taldrikule. Söö kohe.

Hispaania omlett singiga

Serveerib 2

Valmista hispaania omlettina köögiviljasegudest, kuid lisa köögiviljadele 60ml/4spl jämedalt hakitud õhukuivatatud hispaania sinki ja 1-2 purustatud küüslauguküünt ning küpseta 30 sekundit kauem.

Soolamunad sellerikastmes

Serveerib 4

Lühike lõuna- või õhtusöök, sobib taimetoitlastele.

6 suurt kõvaks keedetud (kõvaks keedetud) muna, kooritud ja pooleks lõigatud

300 ml/10 fl oz/1 purk sellerisupp

45 ml/3 spl koort piima

175 g / 6 untsi / 1½ tassi riivitud Cheddari juustu

30 ml/2 spl peeneks hakitud peterselli

Sool ja värskelt jahvatatud must pipar

15 ml/1 spl röstitud riivsaia

2,5 ml / ½ tl paprikat

Aseta munapoolikud sügavasse 20 cm/8 läbimõõduga nõusse. Eraldi kausis või konteineris segage supp ja piim õrnalt kokku. Kuumuta kaaneta kokku 4 minutit, iga minut vispeldades. Sega juurde pool juustust ja kuumuta ilma kaaneta Full peal 1-1,5 minutit, kuni see on sulanud. Sega juurde petersell, maitsesta maitse järgi, seejärel tõsta lusikaga munadele. Puista peale ülejäänud juust, riivsai ja paprika. Enne serveerimist praadida kuuma grilli (broileri) all.

Munad Fu Yung

Serveerib 2

5 ml/1 spl võid, margariini või maisiõli

1 sibul, peeneks hakitud

30 ml/2 spl. keedetud herned

30 ml/2 spl keedetud või konserveeritud oabõrseid

125 g/4 untsi seeni, viilutatud

3 suurt muna

2,5 ml / ½ tl soola

30 ml/2 spl külma vett

5 ml/1 tl sojakastet

4 sibulat, peeneks hakitud

Aseta või, margariin või õli sügavasse 20 cm/8 läbimõõduga nõusse ja kuumuta kaaneta režiimil Defrost 1 minut. Sega hulka hakitud sibul, kata taldrikuga ja küpseta täisvõimsusel 2 minutit. Sega hulka herned, oad ja seened. Kata nagu enne ja küpseta 1½ minutit Full. Eemaldage mikrolaineahjust ja segage. Klopi munad soola, vee ja sojakastmega korralikult lahti. Vala ühtlaselt köögiviljadele. Keeda kaaneta täiskuumuses 5 minutit, keerates kaks korda. Lase seista 1 minut. Jaga kaheks ja tõsta kumbki soojendatud taldrikule. Kaunista talisibul ja serveeri kohe.

Pitsa omlett

Serveerib 2

Uudne pitsa, põhi on pärmitaigna asemel lamedast omletist.

15 ml/1 spl oliiviõli
3 suurt muna
45 ml/3 spl piima
2,5 ml / ½ tl soola
4 tomatit, blanšeeritud, kooritud ja viilutatud
125 g / 4 untsi / 1 tass Mozzarella juustu, riivitud
8 konserveeritud anšoovist õlis
8-12 kivideta musta oliivi

Vala õli sügavasse 20 cm/8 läbimõõduga nõusse ja kuumuta kaaneta režiimil Defrost 1 minut. Klopi munad piima ja soolaga korralikult lahti. Vala anumasse ja kata taldrikuga. Küpseta täisrežiimil 3 minutit, nihutades poole küpsetamise ajal servad roa keskele. Katke kaas ja küpseta täiskuumuses veel 30 sekundit. Kõige peale lisa tomatid ja juust, seejärel kaunista anšooviste ja oliividega. Küpseta kaaneta kõrgel kuumusel 4 minutit, keerates kaks korda. Jaga kaheks ja serveeri kohe.

Suflee omlett

Serveerib 2

45 ml/3 spl moosi (konserv)
Tuhksuhkur (kondiitritooted).
Sulatatud või
3 tilka sidrunimahla
3 suurt muna, eraldatud
15 ml/1 supilusikatäis granuleeritud suhkrut

Tõsta moos lusikaga väikesesse kaussi või tassi. Kata plaadiga ja kuumuta režiimil Defrost 1½ minutit. Eemaldage ettevaatlikult mikrolaineahjust, jätke kaetuna ja asetage kõrvale. Kata suur rasvakindla (vahatatud) paberileht sõelutud tuhksuhkruga. Määri sügav 25 cm/10 läbimõõduga nõu sulavõiga. Lisa munavalgetele sidrunimahl ja klopi kuni moodustuvad tugevad piigid. Lisa tuhksuhkur munakollastele ja klopi paksuks, heledaks ja kreemjaks vahuks. Klopi vahustatud valged õrnalt munakollaste hulka. Vala ettevalmistatud tassi. Keeda kaaneta täis kuumusel 3½ minutit. Pöörake küpsetuspaberile, lõigake noaga keskele joon alla ja määrige pool omletti sooja moosiga. Murra õrnalt pooleks, lõika pooleks ja söö kohe.

Sidrunisuflee omlett

Serveerib 2

Valmista nagu sufleeomlett, kuid vahustatud munakollastele ja suhkrule lisa 5 ml/1 tl peeneks riivitud sidrunikoort.

Apelsini sufleeomlett

Serveerib 2

Tee nagu sufleeomlett, kuid lisa lahtiklopitud munakollastele ja suhkrule 5 ml/1 tl peeneks riivitud apelsinikoort.

Mandli ja aprikoosi sufleeomlett

Serveerib 2

Valmistage nagu sufleeomlett, kuid lisage lahtiklopitud munakollastele ja suhkrule 2,5 ml/½ tl mandlisesentsi (ekstrakti). Täida soojendatud sileda aprikoosimoosiga (konserveeritud).

Vaarika suflee omlett

Serveerib 2

Valmistage nagu sufleeomlett, kuid lisage lahtiklopitud munakollastele ja suhkrule 2,5 ml/½ tl vanilliessentsi (ekstrakti). Lisa 45-60ml/3-4 spl jämedalt purustatud vaarikaid, mis on maitse järgi segatud tuhksuhkruga ja näpuotsaga Kirschi või džinni.

Maasikasuflee omlett

Serveerib 2

Valmistage nagu sufleeomlett, kuid lisage lahtiklopitud munakollastele ja suhkrule 2,5 ml/½ tl vanilliessentsi (ekstrakti). Tõsta peale 45-60ml/3-4spl õhukeseks viilutatud maasikaid, mis on segatud maitse järgi tuhksuhkruga ja 15ml/1spl šokolaadi- või apelsinilikööri.

Sufleeomlett lisanditega

Serveerib 2

Valmista täpselt nagu sufleeomlett, kuid selle asemel, et omlett pooleks voltida ja lõigata, jäta see tasaseks ja lõika pooleks. Tõsta igaüks taldrikule ja tõsta peale soojendatud hautatud puuvilju või puuviljapalli. Serveeri kohe.

Praemuna koorega

Teenib 1

Seda munade valmistamise meetodit hinnatakse kõrgelt Prantsusmaal, kus seda nimetatakse oeufs en cocotte'ks. See on kindlasti suurepärane eelroog õhtusöögiks, kuid see on ka stiilne lõunasöök röstsaia või kreekerite ja rohelise salatiga. Edu tagamiseks on soovitatav küpsetada üks muna korraga üksikus roas.

1 muna
Sool ja värskelt jahvatatud must pipar
15 ml / 1 spl topelt (rasket) koort või crème fraîche'i
5 ml/1 tl väga peeneks hakitud peterselli, murulauku või koriandrit (cilantro)

Määri väike ramekiin (suhkrutops) või eraldi sufleevorm sulavõi või margariiniga. Murdke muna ettevaatlikult sisse ja torgake munakollane nõela või noaotsaga kaks korda läbi. Maitsesta hästi maitse järgi. Kata kreemiga ja puista üle ürtidega. Kata taldrikuga ja küpseta režiimil Defrost 3 minutit. Lase enne söömist 1 minut seista.

Praemuna Napoli

Teenib 1

Valmista nagu koorega praemuna, kuid pintselda muna 15 ml/1 spl. passata (sõelutud tomatid) ja kaks peeneks hakitud musta oliivi või kapparit.

Juustufondüü

Serveerib 6

Šveitsis sündinud Cheese Fondue on après-ski lemmik Alpi kuurortides või mujal, kus kõrgetel tippudel on sügav lumi. Leiva kastmine ühisesse potti aromaatse sulatatud juustuga on üks lõbusamaid, meelelahutuslikumaid ja lõõgastavamaid viise sõpradega eine nautimiseks ning pole paremat köögiabilist kui mikrolaineahi. Serveeri väikeste Kirschi tükkide ja tasside kuuma sidruniteega autentse atmosfääri loomiseks.

1-2 küüslauguküünt, kooritud ja pooleks lõigatud
175 g / 6 untsi / 1½ tassi emmentali juustu, riivitud
450 g / 1 naela / 4 tassi Gruyère (Šveitsi) juustu, riivitud
15 ml/1 spl maisijahu (maisitärklis)
300 ml/½ pt/1¼ tassi Moseli veini
5 ml/1 tl sidrunimahla
30 ml / 2 supilusikatäit Kirsch
Sool ja värskelt jahvatatud must pipar
Kastmiseks tükeldatud prantsuse leib

Suruge küüslaugupoolikute lõigatud pooled sügava 2,5-liitrise/4½ pt/11 tassi klaasist või keraamilise nõude külgedele. Või kui soovite tugevamat maitset, vajutage küüslauk otse anumasse. Lisa mõlemad juustud, maisijahu, vein ja sidrunimahl. Küpseta kaaneta täiskuumuses

7–9 minutit, segades neli korda, kuni fondüü hakkab õrnalt mullitama. Eemaldage mikrolaineahjust ja segage sisse Kirsch. Maitsesta hästi maitse järgi. Aseta roog lauale ja söö leivakuubik pikal fondüükahvlil, keerutades seda juustusegus, seejärel tõsta välja.

Fondüü siidriga

Serveerib 6

Valmista nagu juustufondüü puhul, aga asenda vein kuiva siidri ja Kirschi kalvadosega ning serveeri dippimiseks punaste õunakuubikute ja saiakuubikutega.

Fondüü õunamahlaga

Serveerib 6

Pehme maitsega alkoholivaba fondüü, mis sobib igas vanuses.

Valmistage nagu juustufondüü puhul, kuid asendage vein õunamahlaga ja jätke Kirsch välja. Vajadusel lahjenda vähese kuuma veega.

Roosa fondüü

Serveerib 6

Valmistage ette nagu juustufondüü puhul, kuid asendage Emmentali ja Gruyère'i (Šveitsi) juustu puhul 200 g/7 untsi/1¾ tassi Cheshire'i valge juustu, Lancashire'i juustu ja Caerphilly juustu ning asendage rosé valge veiniga.

Suitsune fondüü

Serveerib 6

Valmistage ette nagu juustufondüü puhul, kuid asendage pool Gruyère'i (Šveitsi) juustust 200 g/7 untsi/1¾ tassi suitsujuustuga. Emmentali juustu kogus ei muutu.

Saksa õllefondüü

Serveerib 6

Valmistage nagu juustufondüü, kuid asendage vein õllega ja Kirsch brändiga.

Fondüü tulega

Serveerib 6

Valmista nagu juustufondüü puhul, kuid alles pärast maisijahu (maisitärklist) lisa 2-3 seemnetest puhastatud ja väga peeneks hakitud punast tšillipipart.

Karri fondüü

Serveerib 6

Valmista nagu juustufondüü puhul, kuid lisa juustude hulka 10-15ml/2-3 tl mahedat karripastat ja asenda Kirsch viinaga. Kastmiseks kasuta soojendatud India leiva viile.

Fondüü

Serveerib 4-6

Itaalia versioon juustufondüüst, uskumatult rikkalik.

Valmista juustufondüüna, kuid asenda Fontina Itaalia juust Gruyère'i (Šveitsi) ja Emmentali juustu, Moseli kuiva valge Itaalia veini ja Kirschi marsalaga.

Juustu ja tomati fondüü

Serveerib 4-6

225 g / 8 untsi / 2 tassi küpset Cheddari juustu, riivitud
125 g / 4 untsi / 1 tass Lancashire'i või Wensleydale'i juustu, purustatud
300 ml/10 fl untsi/1 purk Kondenseeritud tomatisupp
10 ml/2 tl Worcestershire'i kastet
Natuke teravat piprakastet
45 ml/3 spl kuiva šerrit
Serveerimiseks soojendatud ciabatta leib

Asetage kõik koostisosad peale šerri 1,25-liitrisesse klaas- või keraamilisse kaussi. Küpseta kaaneta sulatusrežiimil 7–9 minutit, segades kolm või neli korda, kuni fondüü ühtlaselt pakseneb. Eemaldage mikrolaineahjust ja segage šerri hulka. Söö koos sooja ciabatta leiva viiludega.

Juustufondüü

Serveerib 6

Šveitsis sündinud Cheese Fondue on après-ski lemmik Alpi kuurortides või mujal, kus kõrgetel tippudel on sügav lumi. Leiva kastmine ühisesse potti aromaatse sulatatud juustuga on üks lõbusamaid, meelelahutuslikumaid ja lõõgastavamaid viise sõpradega eine nautimiseks ning pole paremat köögiabilist kui mikrolaineahi. Serveeri väikeste Kirschi tükkide ja tasside kuuma sidruniteega autentse atmosfääri loomiseks.

1-2 küüslauguküünt, kooritud ja pooleks lõigatud
175 g / 6 untsi / 1½ tassi emmentali juustu, riivitud
450 g / 1 naela / 4 tassi Gruyère (Šveitsi) juustu, riivitud
15 ml/1 spl maisijahu (maisitärklis)
300 ml/½ pt/1¼ tassi Moseli veini
5 ml/1 tl sidrunimahla
30 ml / 2 supilusikatäit Kirsch
Sool ja värskelt jahvatatud must pipar
Kastmiseks tükeldatud prantsuse leib

Suruge küüslaugupoolikute lõigatud pooled sügava 2,5-liitrise/4½ pt/11 tassi klaasist või keraamilise nõude külgedele. Või kui soovite tugevamat maitset, vajutage küüslauk otse anumasse. Lisa mõlemad juustud, maisijahu, vein ja sidrunimahl. Küpseta kaaneta täiskuumuses 7–9 minutit, segades neli korda, kuni fondüü hakkab õrnalt mullitama.

Eemaldage mikrolaineahjust ja segage sisse Kirsch. Maitsesta hästi maitse järgi. Aseta roog lauale ja söö leivakuubik pikal fondüükahvlil, keerutades seda juustusegus, seejärel tõsta välja.

Fondüü siidriga

Serveerib 6

Valmista nagu juustufondüü puhul, aga asenda vein kuiva siidri ja Kirschi kalvadosega ning serveeri dippimiseks punaste õunakuubikute ja saiakuubikutega.

Fondüü õunamahlaga

Serveerib 6

Pehme maitsega alkoholivaba fondüü, mis sobib igas vanuses.

Valmistage nagu juustufondüü puhul, kuid asendage vein õunamahlaga ja jätke Kirsch välja. Vajadusel lahjenda vähese kuuma veega.

Roosa fondüü

Serveerib 6

Valmistage ette nagu juustufondüü puhul, kuid asendage Emmentali ja Gruyère'i (Šveitsi) juustu puhul 200 g/7 untsi/1¾ tassi Cheshire'i valge juustu, Lancashire'i juustu ja Caerphilly juustu ning asendage rosé valge veiniga.

Suitsune fondüü

Serveerib 6

Valmistage ette nagu juustufondüü puhul, kuid asendage pool Gruyère'i (Šveitsi) juustust 200 g/7 untsi/1¾ tassi suitsujuustuga. Emmentali juustu kogus ei muutu.

Saksa õllefondüü

Serveerib 6

Valmistage nagu juustufondüü, kuid asendage vein õllega ja Kirsch brändiga.

Fondüü tulega

Serveerib 6

Valmista nagu juustufondüü puhul, kuid alles pärast maisijahu (maisitärklist) lisa 2-3 seemnetest puhastatud ja väga peeneks hakitud punast tšillipipart.

Karri fondüü

Serveerib 6

Valmista nagu juustufondüü puhul, kuid lisa juustude hulka 10-15ml/2-3 tl mahedat karripastat ja asenda Kirsch viinaga. Kastmiseks kasuta soojendatud India leiva viile.

Fondüü

Serveerib 4-6

Itaalia versioon juustufondüüst, uskumatult rikkalik.

Valmista juustufondüüna, kuid asenda Fontina Itaalia juust Gruyère'i (Šveitsi) ja Emmentali juustu, Moseli kuiva valge Itaalia veini ja Kirschi marsalaga.

Juustu ja tomati fondüü

Serveerib 4-6

225 g / 8 untsi / 2 tassi küpset Cheddari juustu, riivitud
125 g / 4 untsi / 1 tass Lancashire'i või Wensleydale'i juustu, purustatud
300 ml/10 fl untsi/1 purk Kondenseeritud tomatisupp
10 ml/2 tl Worcestershire'i kastet
Natuke teravat piprakastet
45 ml/3 spl kuiva šerrit
Serveerimiseks soojendatud ciabatta leib

Asetage kõik koostisosad peale šerri 1,25-liitrisesse klaas- või keraamilisse kaussi. Küpseta kaaneta sulatusrežiimil 7–9 minutit, segades kolm või neli korda, kuni fondüü ühtlaselt pakseneb. Eemaldage mikrolaineahjust ja segage šerri hulka. Söö koos sooja ciabatta leiva viiludega.

Nalja juustu ja selleri fondüü

Serveerib 4-6

Valmistage juustu ja tomatifondüüna, kuid asendage tomatisupp kondenseeritud sellerisupiga ja maitsestage šerri asemel džinniga.

Itaalia juustu-, koore- ja munafondüü

Serveerib 4-6

1 küüslauguküüs, hakitud
50 g/2 untsi/¼ tassi soolamata (magusat) võid, toatemperatuuril
450 g riivitud Fontina juustu
60 ml/4 spl maisijahu (maisitärklis)
300 ml/½ pt/1¼ tassi piima
2,5 ml/½ tl riivitud muskaatpähklit
Sool ja värskelt jahvatatud must pipar
150 ml/¼ pt/2/3 tassi vahukoort
2 muna, lahtiklopitud
Itaalia leib kuubikuteks, serveeritakse

Kombineerige küüslauk, või, juust, maisijahu, piim ja muskaatpähkel sügavas 2,5-liitrises klaas- või keraamilises kausis. Maitsesta maitse järgi. Küpseta kaaneta täiskuumuses 7–9 minutit, segades neli korda, kuni fondüü hakkab õrnalt mullitama. Eemaldage mikrolaineahjust ja segage koor. Keeda kaaneta täis kuumusel 1 minut. Eemaldage mikrolaineahjust ja klopige järk-järgult sisse munad. Kastmiseks serveeri itaalia saiaga.

Hollandi talufondi poolt

Serveerib 4-6

Pehme ja õrn fondüü, piisavalt õrn lastele.

1 küüslauguküüs, hakitud
15 ml/1 spl võid
450 g riivitud Gouda juustu
15 ml/1 spl maisijahu (maisitärklis)
20 ml/4 tl sinepipulbrit
Näputäis riivitud muskaatpähklit
300 ml/½ pt/1 ¼ tassi täispiima
Sool ja värskelt jahvatatud must pipar
Kuubikuteks lõigatud leib, serveerimiseks

Asetage kõik koostisosad sügavasse 2,5-liitrisesse klaas- või keraamilisse nõusse, maitsestage hästi. Küpseta kaaneta täiskuumuses 7–9 minutit, segades neli korda, kuni fondüü hakkab õrnalt mullitama. Aseta roog lauale ja söö leivakuubik pikal fondüükahvlil, keerutades seda juustusegus, seejärel tõsta välja.

Kodutalu fond jalahoobiga

Serveerib 4-6

Valmistage ette nagu Dutch Farmhouse Fondue puhul, kuid segage pärast küpsetamist 30–45 ml/2–3 spl Geneverit (Hollandi džinni).

Praetud munad flamenco stiilis

Teenib 1

Sulatatud või või margariin

1 väike tomat, blanšeeritud, kooritud ja tükeldatud

2 sibulat, hakitud

1-2 täidisega oliivi, viilutatud

5 ml/1 tl õli

15 ml/1 spl. keedetud sink, peeneks hakitud

1 muna

Sool ja värskelt jahvatatud must pipar

15 ml / 1 spl topelt (rasket) koort või crème fraîche'i

5 ml/1 tl väga peeneks hakitud peterselli, murulauku või koriandrit (cilantro)

Määri väike ramekiin (suhkrutops) või eraldi sufleevorm sulavõi või margariiniga. Lisa tomat, sibul, oliivid, õli ja sink. Kata plaadiga ja kuumuta Full 1 minut. Murdke muna ettevaatlikult sisse ja torgake munakollane nõela või noaotsaga kaks korda läbi. Maitsesta hästi maitse järgi. Kata kreemiga ja puista üle ürtidega. Kata nagu enne ja küpseta režiimil Defrost 3 minutit. Lase enne söömist 1 minut seista.

Leiva-või juustu- ja petersellipuding

Serveerib 4-6

4 suurt viilu saia

50 g/2 untsi/¼ tassi võid, toatemperatuuril

175 g/6 untsi/1½ tassi apelsini Cheddari juustu

45 ml/3 spl hakitud peterselli

600 ml / 1 pt / 2½ tassi külma piima

3 muna

5 ml/1 tl soola

paprika

Määri saiale võid ja lõika iga viil neljaks ruuduks. Määri 1,75-liitrine/3 pt/7½ tassi roog põhjalikult võiga. Aseta pooled leivaruutudest, võiga määritud küljed ülespoole, vormi põhjale. Puista peale kaks kolmandikku juustust ja kogu petersell. Aseta peale ülejäänud leib, võiga määritud küljed ülespoole. Valage piim kannu ja kuumutage ilma kaaneta täistemperatuuril 3 minutit. Klopi munad vahuks, seejärel sega vähehaaval juurde piim. Sega juurde sool. Vala õrnalt leiva ja võiga peale. Puista peale ülejäänud juust ja puista peale paprika. Kata köögipaberiga ja küpseta Defrost'il 30 minutit. Lase seista 5 minutit, seejärel rösti soovi korral enne serveerimist kuumal grillil (broileri all).

Leiva- ja võijuustu ja petersellipuding india pähklitega

Serveerib 4-6

Tee nagu leiva-või juustu ja petersellipuding, kuid lisa 45 ml/3 spl india pähkleid, röstitud ja jämedalt hakitud, juustu ja peterselliga.

Neli juustuleiva ja võipudingit

Serveerib 4-6

Valmistage nagu leiva- ja võijuustu ja petersellipudingit, kuid kasutage riivitud Cheddari, Edami, punase Leicesteri ja purustatud Stiltoni juustu segu. Asendage petersell nelja hakitud marineeritud sibulaga.

Juustu- ja munakrõpsud

Serveerib 4

300 ml/10 fl untsi/1 purk Kondenseeritud seenesupp
45 ml/3 spl ühekordset (kerget) koort
125 g / 4 untsi / 1 tass punast Leicesteri juustu, riivitud
4 kuuma praetud lihapalli
4 värskelt lahtiklopitud muna

Asetage supp, koor ja pool juustust 900 ml/1½ pt/3¾ tassi kaussi. Kuumuta kaaneta režiimil Full 4-5 minutit, kuni see on kuum ja ühtlane, vahustades iga minut. Aseta iga kook soojendatud taldrikule ja määri pealt munaga. Tõsta peale seenesegu, puista peale ülejäänud juust ja kuumuta ükshaaval Full ahjus umbes 1 minut, kuni juust on sulanud ja mullitav. Söö kohe.

Tagurpidi juustu-tomatipuding

Serveerib 4

225 g/8 untsi/2 tassi isekerkivat (isekerkivat) jahu

5 ml/1 tl sinepipulbrit

5 ml/1 tl soola

125 g/4 untsi/½ tassi võid või margariini

125 g / 4 untsi / 1 tass Edami või Cheddari juustu, riivitud

2 muna, lahtiklopitud

150 ml / ¼ pt / 2/3 tassi külma piima

4 suurt tomatit, blanšeeritud, kooritud ja tükeldatud

15 ml/1 supilusikatäis hakitud peterselli või koriandrit (koriandrit)

Määri võiga sügav ümmargune 1,75-liitrine/3 pt/7½ tassi pudingukauss. Sõeluge jahu, sinepipulber ja 2,5 ml/½ tl soola kaussi. Hõõruge peeneks või või margariiniga, seejärel lisage juust. Sega muna ja piimaga pehmeks konsistentsiks. Laota ühtlaselt ettevalmistatud kaussi. Keeda kaaneta täis kuumusel 6 minutit. Sega tomatid ülejäänud soolaga. Pane madalasse kaussi ja kata taldrikuga. Eemaldage puding ahjust ja keerake ettevaatlikult madalasse vormi. Kata majapidamispaberiga ja küpseta Full ahjus veel 2 minutit. Võta ahjust välja ja kata kuumuse säilitamiseks tüki fooliumiga. Asetage tomatid mikrolaineahju ja kuumutage 3 minutit Full. Tõsta lusikaga pudingule, puista peale ürte ja serveeri kuumalt.

Pitsakoogid

Serveerib 4

45 ml/3 spl tomatipüreed (pasta)

30 ml/2 spl oliiviõli

1 küüslauguküüs, hakitud

4 kuuma praetud lihapalli

2 tomatit, õhukeselt viilutatud

175 g/6 untsi Mozzarella juustu, viilutatud

12 musta oliivi

Sega tomatipüree, oliiviõli ja küüslauk ning määri lihapallidele. Laota peale tomativiilud. Kata juustuga ja puista peale oliive. Kuumuta ükshaaval Full peal umbes 1-1,5 minutit, kuni juust hakkab sulama. Söö kohe.

Ingveri ahven sibulaga

Serveerib 8

Kantoni eriroog ja tüüpiline Hiina Rootsi laud.

2 meriahvenat, igaüks 450 g/1 nael, puhastatud, kuid jäetud pähe
8 sibulat (sibulat)
5 ml/1 tl soola
2,5 ml / ½ tl suhkrut
2,5 cm/1 tk värsket ingverijuurt, kooritud ja peeneks hakitud
45 ml/3 spl sojakastet

Pese kala seest ja väljast. Kuivatage köögipaberiga. Tehke iga kala mõlemale küljele terava noaga kolm diagonaalset kaldkriipsu, mille vahekaugus on umbes 1 tolli (2,5 cm). Asetage peast sabani 30 3 20 cm/12 3 8 tassi. Sibul peal ja saba, lõika igaüks pikuti niitideks ja puista kalale. Sega ülejäänud ained hoolikalt läbi ja kasuta kala katmiseks. Kata roog toidukilega (kilega) ja tee kaks lõiget, et aur välja pääseks. Küpseta 12 minutit, panni ühe korra keerates. Tõsta kala serveerimistaldrikule ning piserda sibula ja nõust võetud mahlaga.

Forellipakid

Serveerib 2

Professionaalsed kokad nimetavad seda truites en papillote'iks.
Lihtsalt valmistatud õrna forelli pakendid teevad nutika kalaraja.

2 suurt puhastatud forelli, kumbki 450 g/1 naela, loputatud, kuid pead
jäetakse peale
1 sibul, paksult viilutatud
1 väike sidrun või laim, paksult viilutatud
2 suurt kuivatatud loorberilehte, jämedalt hakitud
2,5 ml/½ tl Provence'i ürte
5 ml/1 tl soola

Valmista ette kaks küpsetusristkülikut, kumbki mõõtmetega 40 3 35 cm/16 3 14. Lisa sibul ja sidruni- või laimiviilud kalaõõnsustesse koos loorberilehtedega. Tõsta pärgamendi ristkülikutesse ning puista üle ürtide ja soolaga. Mähi iga forell eraldi, seejärel aseta mõlemad pakid madalasse nõusse. Küpseta 14 minutit, panni korra keerates. Lase 2 minutit seista. Tõsta igaüks soojendatud taldrikule ja ava pakid laua taga.

Helendav merikukk õhukeste ubadega

Serveerib 4

125g/4oz Prantsuse (rohelised) või Keenia oad, millel on pealsed ja sabad

150 ml / ¼ pt / 2/3 tassi keeva veega

450 g/1 nael merikuradi

15 ml/1 spl maisijahu (maisitärklis)

1,5–2,5 ml/¼–½ tl Hiina viie vürtsi pulbrit

45 ml/3 spl riisiveini või keskmist šerrit

5 ml/1 tl pudelis austrikaste

2,5 ml/½ tl seesamiõli

1 küüslauguküüs, hakitud

50 ml / 2 fl untsi / 3½ spl kuuma vett

15 ml/1 spl sojakastet

Munapasta, serveeritud

Lõika oad pooleks. Valage 1,25-liitrisesse / 2¼ pt / 5½ tassi ümmargusse nõusse. Lisa keev vesi. Kata toidukilega (kile) ja lõika kaks korda, et aur välja pääseks. Küpseta kuni valmis 4 minutit. Nõruta ja tõsta kõrvale. Pese merikukk ja lõika kitsasteks ribadeks. Sega maisijahu ja vürtsipulber riisiveini või šerriga ühtlaseks massiks. Sega juurde ülejäänud koostisosad. Tõsta anumasse, milles oad keedeti. Hauta kaaneta täiskaanel 1½ minutit. Sega ühtlaseks massiks, seejärel sega hulka oad ja merikuradi. Kata nagu enne ja küpseta Full 4 minutit. Laske 2 minutit seista, seejärel segage ja serveerige.

Helendavad krevetid mangetoutiga

Serveerib 4

Valmistage kerge merikuradina ubadega, kuid asendage oad mangetoutiga (lumehernestega) ja küpseta ainult 2½-3 minutit, sest need peaksid jääma krõbedaks. Asendage kooritud krevetid (krevetid).

Normandia tursk siidri ja Calvadosega

Serveerib 4

50 g/2 untsi/¼ tassi võid või margariini

1 sibul, väga õhukeseks viilutatud

3 porgandit, väga õhukesteks viiludeks

50 g/2 untsi seeni, lõigatud ja õhukesteks viiludeks

4 suurt tursapihvi, igaüks umbes 225 g/8 untsi

5 ml/1 tl soola

150 ml / ¼ pt / 2/3 tassi siidrit

15 ml/1 spl maisijahu (maisitärklis)

25 ml/1½ spl külma vett

15 ml/1 spl kalvadost

Petersell, kaunistuseks

Aseta pool võist või margariinist sügavasse 20 cm/8 läbimõõduga nõusse. Sulatage täielikult kaaneta 45-60 sekundit. Sega sibul, porgand ja seened. Aseta kala peale ühe kihina. Puista peale soola. Valage siider anumasse ja pintseldage praed ülejäänud või või margariiniga. Kata toidukilega (kile) ja lõika kaks korda, et aur välja pääseks. Küpseta 8 minutit, panni neli korda keerates. Kalla keeduvedelik ettevaatlikult ära ja tõsta kõrvale. Sega maisijahu vee ja calvadosega ühtlaseks. Lisa kalamahl. Küpseta kaaneta, täielikult kaetult 2–2,5 minutit, kuni kaste pakseneb, vispeldades iga 30 sekundi järel. Laota kala soojendatud serveerimistaldrikule ja tõsta peale köögiviljad. Nirista peale kaste ja kaunista peterselliga.

Kala Paella

Serveerib 6-8

Hispaania põhiline riisiroog, mis on ülemaailmselt tuntud rahvusvaheliste reiside poolest.

900 g/2 naela kooritud lõhefilee, kuubikuteks

1 pakk safranipulbrit

60 ml/4 spl kuuma vett

30 ml/2 spl oliiviõli

2 sibulat, hakitud

2 küüslauguküünt, hakitud

1 roheline (bulgaar) pipar, kivideta ja jämedalt hakitud

225 g/8 untsi/1 tass Itaalia või Hispaania risoto riisi

175 g/6 untsi/1½ tassi külmutatud või värskeid herneid

600 ml/1 pt/2½ tassi keeva veega

7,5 ml / 1½ tl soola

3 tomatit, blanšeeritud, kooritud ja neljaks lõigatud

75 g / 3 untsi / ¾ tassi keedetud sinki, kuubikuteks lõigatud

125 g / 4 untsi / 1 tass kooritud krevette (krevetid)

250g/9oz/1 suur purk soolvees

Sidruniviilud või -viilud, kaunistatud

Aseta lõhekuubikud 25 cm/10 läbimõõduga pajavormi (Hollandi ahju) serva ümber, jättes keskele väikese süvendi. Kata roog toidukilega (kilega) ja tee kaks lõiget, et aur välja pääseks. Küpseta sulatusrežiimil

10–11 minutit, panni kaks korda keerates, kuni kala tundub helbeline ja just küpsenud. Nõruta ja jäta vedelik alles ning tõsta lõhe kõrvale. Pese ja kuivata nõud. Valage safran väikesesse kaussi, lisage kuum vesi ja laske 10 minutit tõmmata. Valage puhastatud anumasse õli ja lisage sibul, küüslauk ja roheline pipar. Keeda kaaneta täis kuumusel 4 minutit. Lisa riis, safran ja leotusvesi, herned, lõhekuubikud, reserveeritud lõhevedelik, keev vesi ja sool. Sega hoolikalt, kuid õrnalt. Kata nagu enne ja küpseta Full 10 minutit. Lase 10 minutit mikrolaineahjus seista. Keeda veel 5 minutit täiel kuumusel. Avage ja segage ettevaatlikult tomatid ja sink. Kaunista krevettide, rannakarpide ja sidruniga ning serveeri.

Leotatud heeringas

Serveerib 4

4 heeringat, igaüks umbes 450 g, filee
2 suurt loorberilehte, jämedalt hakitud
15 ml/1 spl marineerimisvürtside segu
2 sibulat, lõigake ja lõigake rõngasteks
150 ml / ¼ pt / 2/3 tassi keeva veega
20 ml/4 tl granuleeritud suhkrut
10 ml / 2 tl soola
90 ml/6 spl linnaseäädikat
Võileib, serveerimiseks

Rulli iga heeringafilee pealaest sabaotsani, naha küljed sees. Vooderdage sügava 25 cm/10 läbimõõduga tassi serv. Puista üle loorberilehtede ja vürtsidega. Laota sibularõngad räimede vahele. Sega ülejäänud koostisosad hoolikalt läbi ja tõsta lusikaga kalale. Kata toidukilega (kile) ja lõika kaks korda, et aur välja pääseks. Küpseta kuni valmis 18 minutit. Lase jahtuda, seejärel jahuta. Söö külmalt leiva ja võiga.

Moules Marineries

Serveerib 4

Belgia rahvusroog, mida serveeritakse alati krõpsude kõrvale (fr.

900 ml / 2 punkti / 5 tassi värskeid rannakarpe
15 g/½ oz/l supilusikatäit võid või margariini
1 väike sibul, hakitud
1 küüslauguküüs, hakitud
150 ml/¼ pt/2/3 tassi kuiva valget veini
1 kimp garni kotike
1 kuivatatud loorberileht, tükeldatud
7,5 ml / 1½ tl soola
20 ml/4 tl värsket valget riivsaia
20 ml/4 tl hakitud peterselli

Loputage rannakarbid külma jooksva vee all. Raseerige kõik kõrvitsad, seejärel lõigake habe. Visake ära kõik lõhenenud või avatud rannakarbid; need võivad põhjustada toidumürgitust. Peske uuesti. Pange sügavasse kaussi või või margariin. Sulatage, katmata, umbes 30 sekundit täis. Sega hulka sibul ja küüslauk. Kata plaadiga ja küpseta Full 6 minutit, segades kaks korda. Lisa vein, buquet garni, loorberilehed, sool ja rannakarbid. Kombineerimiseks segage õrnalt.

Kata nagu enne ja küpseta Full 5 minutit. Tõsta rannakarbid lõhikuga lusikaga nelja sügavasse kaussi või supitaldrikusse. Sega küpsetusvedeliku hulka riivsai ja pool peterselli, seejärel tõsta lusikaga rannakarpidele. Puista peale ülejäänud petersell ja serveeri kohe.

Makrell rabarberi-rosinakastmega

Serveerib 4

Kauni värviga magushapu kaste tasakaalustab täiuslikult rikkalikku makrelli.

350g/12oz noort rabarberit, jämedalt hakitud

60 ml/4 spl keeva veega

30 ml/2 spl rosinaid
30 ml/2 supilusikatäit granuleeritud suhkrut
2,5 ml/½ tl vaniljeessentsi (ekstrakt)
½ väikese sidruni peeneks riivitud koor ja mahl
4 makrelli, puhastatud, konditustatud ja pead eemaldatud
50 g/2 untsi/¼ tassi võid või margariini
Sool ja värskelt jahvatatud must pipar

Aseta rabarber ja vesi pajavormi (Hollandi ahi). Kata toidukilega (kile) ja lõika kaks korda, et aur välja pääseks. Küpseta 6 minutit, panni kolm korda keerates. Ava ja püreesta rabarber. Sega hulka rosinad, suhkur, vaniljeessents ja sidrunikoor, seejärel tõsta kõrvale. Pöörake iga makrell peast sabani risti pooleks nii, et naha küljed on teie poole. Aseta või või margariin ja sidrunimahl sügavasse 20 cm/8 läbimõõduga nõusse. Lahustage täielikult 2 minutit. Lisa kala ja määri sulatatud koostisosadega. Puista peale soola ja pipraga. Kata toidukilega (kile) ja lõika kaks korda, et aur välja pääseks. Küpseta keskmisel kuumusel 14–16 minutit, kuni kala tundub helbeline. Lase 2 minutit seista.

Heeringas õunasiidri kastmega

Serveerib 4

Valmista makrellina rabarberi-rosinakastmega, kuid vee asemel asenda kooritud ja südamikust puhastatud õunad ning keev siider. Viska rosinad ära.

Karpkala tarretises kastmes

Serveerib 4

1 väga värske karpkala, puhastatud ja lõigatud 8 õhukesteks viiludeks
30 ml/2 spl linnaseäädikat
3 porgandit, õhukeselt viilutatud
3 sibulat, õhukeselt viilutatud
600 ml/1 pt/2½ tassi keeva veega
10-15 ml / 2-3 tl soola

Pese karpkala, seejärel leota 3 tundi külmas vees äädikaga, et kala oleks kaetud. (See eemaldab mudase maitse.) Asetage porgandid ja sibulad keeva vee ja soolaga sügavasse 23 cm potti. Kata toidukilega (kile) ja lõika kaks korda, et aur välja pääseks. Küpseta täielikult 20 minutit, panni neli korda keerates. Nõruta, jäta vedelik alles. (Köögivilju võib kasutada mujal kalasupis või friikartulites.) Vala vedelik tagasi potti. Lisa karpkala ühe kihina. Kata nagu enne ja küpseta Full 8 minutit, keerates panni kaks korda. Lase seista 3 minutit. Kasutage kalatükki, et viia karpkala madalasse nõusse. Katke ja jahutage. Valage vedelik kannu ja jahutage, kuni see veidi pakseneb. Tõsta lusikaga tarretis kalale ja serveeri.

Rollmops aprikoosidega

Serveerib 4

75 g/3 untsi kuivatatud aprikoose
150 ml / ¼ pt / 2/3 tassi külma vett
3 Ostsin rollmopid hakitud sibulaga
150g/5oz/2/3 tassi crème fraîche
Segasalati lehed
koorik leib

Pese aprikoosid ja lõika suupärasteks tükkideks. Aseta kaussi külma veega. Kata tagurpidi plaadiga ja kuumuta Full 5 minutit. Lase seista 5 minutit. Äravool. Lõika rullmopid ribadeks. Lisa aprikoosidele koos sibula ja crème fraîche'iga. Sega hästi. Kata kinni ja jäta 4-5 tunniks külmkappi marineeruma. Serveeri salatilehtedel koos koorikleivaga.

Kipper tehtud

Teenib 1

Mikrolaineahi takistab lõhna majja sisenemist ning kipper muutub mahlakaks ja õrnaks.

1 suur värvimata kipper, umbes 450 g/1 nael
120 ml / 4 fl untsi / ½ tassi külma vett
Või või margariin

Lõika kipper ära, visake saba ära. Leota 3-4 tundi mitu korda külmas vees, et vähendada soolasust, soovi korral kurnata. Asetage suurde madalasse veekaussi. Kata toidukilega (kile) ja lõika kaks korda, et aur välja pääseks. Küpseta kuni valmis 4 minutit. Serveeri soojendatud taldrikul koos tüki või või margariiniga.

Krevetid Madras

Serveerib 4

25 g / 1 unts / 2 spl ghee või 15 ml / 1 spl maapähkliõli

2 sibulat, hakitud

2 küüslauguküünt, hakitud

15 ml/1 spl kuuma karripulbrit

5 ml/1 tl jahvatatud köömneid

5 ml/1 tl garam masala

1 väikese laimi mahl

150 ml / ¼ pt / 2/3 tassi kala- või köögiviljapuljongit

30 ml/2 spl tomatipüreed (pasta)

60 ml/4 spl sultani (kuldseid rosinaid)

450 g / 1 naela / 4 tassi kooritud krevette (krevetid), külmutatud korral sulatatud

175 g/6 untsi/¾ tassi pikateralist riisi, keedetud

Poppad

Asetage ghee või õli sügavasse 20 cm/8 läbimõõduga nõusse. Kuumuta, kaaneta, kuni valmis, 1 minut. Sega hoolikalt sibula ja küüslauguga. Küpseta kaaneta täis kuumusel 3 minutit. Lisa karripulber, köömned, garam masala ja laimimahl. Küpseta kaaneta kõrgel kuumusel 3 minutit, segades kaks korda. Lisa puljong, tomatipüree ja sultanid. Kata tagurpidi plaadiga ja küpseta 5 minutit Full. Vajadusel nõrutage krevetid, lisage seejärel kaussi ja segage. Hauta kaaneta täiskaanel 1½ minutit. Serveeri riisi ja popadadega.

Martini lestarullid kastmega

Serveerib 4

8 lestafileed, igaüks 175 g/6 untsi, loputatud ja kuivaks patsutatud

Sool ja värskelt jahvatatud must pipar

1 sidruni mahl

2,5 ml/½ tl Worcestershire'i kastet

25 g / 1 unts / 2 spl võid või margariini

4 šalottsibulat, kooritud ja tükeldatud

100 g / 3½ untsi / 1 tass ribadeks lõigatud keedetud sinki

400 g/14 untsi seeni, õhukeselt viilutatud

20 ml/4 tl maisijahu (maisitärklis)

20 ml/4 tl külma piima

250 ml / 8 fl untsi / 1 tass kanapuljongit

150 g / ¼ pt / 2/3 tassi ühekordset (kerget) koort
2,5 ml/½ tl granuleeritud suhkrut
1,5 ml/¼ tl kurkumit
10 ml / 2 tl martini bianco

Maitsesta kala soola ja pipraga. Marineerige sidrunimahlas ja Worcestershire'i kastmes 15-20 minutit. Sulata potis (pannil) või või margariin. Lisa šalottsibul ja prae (hauta) õrnalt pehmeks ja läbipaistvaks. Lisa sink ja seened ning prae segades 7 minutit. Sega maisijahu külma piimaga ühtlaseks massiks ja lisa ülejäänud ained. Keera lestafilee rulli ja tükelda kokteilipulkadega (hambatikkudega). Laota sügavasse 20 cm/8 läbimõõduga nõusse. Top seeneseguga. Kata toidukilega (kile) ja lõika kaks korda, et aur välja pääseks. Küpseta kuni valmis 10 minutit.

Karbid Raguu kreeka pähklitega

Serveerib 4

30 ml/2 spl oliiviõli

1 sibul, kooritud ja tükeldatud

2 porgandit, kooritud ja peeneks hakitud

3 varssellerit, lõigatud kitsasteks ribadeks

1 punane (bulgaar) paprika, kivideta ja ribadeks lõigatud

1 roheline (bulgaar) paprika, kivideta ja ribadeks lõigatud

1 väike suvikõrvits (suvikõrvits), lõigatud ja õhukesteks viiludeks

250 ml / 8 fl untsi / 1 tass roosat veini

1 kimp garni kotike

325 ml / 11 untsi / 1 1/3 tassi köögivilja- või kalapuljongit

400 g/14 untsi/1 suur purk kuubikuteks lõigatud tomateid

125g/4oz kalmaarirõngad

125 g/4 untsi keedetud rannakarbid koorega

200 g/7 untsi sidrunikella- või lestafileed, tükkideks lõigatud
4 jumbo krevetti, keedetud
50 g/2 untsi/½ tassi kreeka pähkleid, jämedalt hakitud
30 ml/2 supilusikatäit kivideta musti oliive
10 ml / 2 tl džinni
½ väikese sidruni mahl
2,5 ml/½ tl granuleeritud suhkrut
1 baguette
30 ml/2 spl. jämedalt hakitud basiilikulehed

Valage õli 2,5-liitrisesse/4½ pt/11 tassi anumasse. Kuumuta kaaneta kokku 2 minutit. Lisa valmis köögiviljad ja prae õlis katteks. Kata toidukilega (kile) ja lõika kaks korda, et aur välja pääseks. Küpseta kuni valmis 5 minutit. Lisa vein ja kimp garni. Kata nagu enne ja küpseta Full 5 minutit. Lisa puljong, tomatid ja kala. Katke uuesti ja küpseta täielikult 10 minutit. Sega kõik ülejäänud koostisosad, välja arvatud basiilik. Katke uuesti ja küpseta kuni valmis, 4 minutit. Puista peale basiilik ja serveeri kuumalt.

Cod Hot-pot

Serveerib 4

25 g / 1 unts / 2 spl võid või margariini
1 sibul, kooritud ja tükeldatud
2 porgandit, kooritud ja peeneks hakitud
2 sellerivart, õhukeselt viilutatud
150 ml/¼ pt/2/3 tassi keskmise kuiva valge veini
400g/14oz tursafilee nahaga, lõigatud suurteks kuubikuteks
15 ml/1 spl maisijahu (maisitärklis)
75 ml/5 spl külma piima
350 ml/12 fl untsi/1½ tassi kala- või köögiviljapuljongit
Sool ja värskelt jahvatatud must pipar
75 ml/5 supilusikatäit hakitud tilli (tilliumbrohi)
300 ml/½ pt/1¼ tassi topelt (rasket) koort, kergelt vahustatud
2 munakollast

Asetage või või margariin 20 cm/8 läbimõõduga pajavormi (Hollandi ahi). Kuumuta kaaneta kokku 2 minutit. Sega juurde köögiviljad ja vein. Kata toidukilega (kile) ja lõika kaks korda, et aur välja pääseks. Küpseta kuni valmis 5 minutit. Lase seista 3 minutit. paljastada Lisa kala köögiviljadele. Sega maisijahu külma piimaga ühtlaseks, seejärel vala see koos leemega kastrulisse. Aastaaeg. Kata nagu enne ja küpseta Full 8 minutit. Lisa tilli. Sega koor hoolikalt munakollastega ja sega pajarooga. Katke ja küpseta täielikult 1½ minutit.

Suitsutatud tursk Hot-potis

Serveerib 4

Valmista nagu Cod Hot-poti puhul, aga asenda suitsutursafilee värskega.

Merikuradi kuldses sidruni-koorekastmes

Serveerib 6

300 ml/½ pt/1¼ tassi koort piima

25 g/1 untsi/2 spl võid või margariini toatemperatuuril

675 g kuradifilee hammustusesuurusteks tükkideks lõigatud

45 ml/3 spl tavalist (universaal)jahu

2 suurt munakollast

1 suure sidruni mahl

2,5-5 ml / ½-1 tl soola

2,5 ml/½ tl peeneks hakitud estragoni

Keedetud vol-au-vent karbid (tellingute kestad) või röstitud ciabatta leiva viilud

Valage piim kannu ja kuumutage ilma kaaneta täisvõimsusel 2 minutit. Pane või või margariin sügavasse 20 cm/8 läbimõõduga nõusse. Sulatage, kaaneta, sulatusrežiimil 1½ minutit. Puista kalatükid jahuga ja pane või või margariini sisse. Valage õrnalt piim. Kata toidukilega (kile) ja lõika kaks korda, et aur välja pääseks. Küpseta kuni valmis 7 minutit. Klopi lahti munakollased, sidrunimahl ja sool ning sega kala hulka. Küpseta kaaneta täis kuumusel 2 minutit. Lase seista 5 minutit. Sega läbi, puista peale estragoni ja serveeri vol-au-vent karpides või röstitud ciabatta viiludega.

Tald kuldse sidruni koorekastmes

Serveerib 6

Valmista nagu kuradikeste puhul kuldses sidrunikoorekastmes, kuid asenda kuraditükid ribadeks lõigatud tallaga.

Lõhe Hollandaise

Serveerib 4

4 lõhepihvi, igaüks 175–200 g/6–7 untsi

150 ml / ¼ pt vett / 2/3 tassi vett või kuiva valget veini

2,5 ml / ½ tl soola

Hollandi kaste

Asetage praed sügava 20 cm/8 läbimõõduga tassi külgede ümber. Lisa vesi või vein. Puista kala soolaga. Kata toidukilega (kile) ja lõika kaks korda, et aur välja pääseks. Küpseta sulatusrežiimil (et vältida lõhe sülitamist) 16-18 minutit. Lase 4 minutit seista. Tõsta kalaviiluga neljale soojendatud taldrikule, nõruta vedelik. Pintselda igaüks Hollandise kastmega.

Lõhe Hollandaise koriandriga

Serveerib 4

Valmista nagu lõhe hollandi, kuid lisa 30 ml/2spl hakitud koriandrit (koriandrit) kastmele kohe, kui see on valminud. Lisamaitse saamiseks segage sisse 10 ml/2 tl purustatud melissi.

Lõhe majoneesi helbed

Serveerib 6

900 g/2 naela värske lõhefilee, kooritud
Sool ja värskelt jahvatatud must pipar
Sulatatud või või margariin (valikuline)
50 g/2 untsi/½ tassi viilutatud (hakitud) mandleid, röstitud
1 väike sibul, peeneks hakitud
30 ml/2 spl peeneks hakitud peterselli
5 ml/1 tl purustatud estragoni
200 ml / 7 fl untsi / umbes 1 tass prantsuse stiilis majoneesi
Salati lehed
Apteegitilli puistad, kaunistatud

Jaga lõhe neljaks osaks. Vooderdage sügava 25 cm/10 läbimõõduga tassi serv. Puista peale soola ja pipart ning soovi korral nirista peale veidi sulavõid või margariini. Kata toidukilega (kile) ja lõika kaks korda, et aur välja pääseks. Küpseta sulatusrežiimil 20 minutit. Lase jahtuda leigeks, seejärel tükelda kala kahe kahvliga. Tõsta kaussi, lisa pool mandlitest ning sibul, petersell ja estragon. Segage õrnalt majoneesi, kuni see on hästi segunenud ja ühtlane. Vooderda pikk serveerimisnõu salatilehtedega. Määri peale lõhemajoneesijoon. Puista peale ülejäänud mandlid ja kaunista apteegitilliga.

Vahemere stiilis lõhe praad

Serveerib 6-8

1,5 kg / 3 naela portsjon keskmiseks lõigatud lõhe

60 ml/4 spl oliiviõli

60 ml/4 spl sidrunimahla

60 ml/4 spl tomatipüreed (pasta)

15 ml/1 spl hakitud basiilikulehti

7,5 ml / 1½ tl soola

45 ml/3 spl. väikesed kapparid, nõrutatud

45 ml/3 spl hakitud peterselli

Peske lõhe, veendudes, et kogu sete on maha kraabitud. Asetage sügavasse 20 cm/8 läbimõõduga nõusse. Sega ülejäänud koostisosad ja tõsta lusikaga kalale. Kata plaadiga ja pane 3 tunniks külmkappi marineeruma. Kata toidukilega (kile) ja lõika kaks korda, et aur välja pääseks. Küpsetage ahjus 20 minutit, keerates panni kaks korda. Jaga portsjoniteks.

Kedgeree Curryga

Serveerib 4

Kunagi hommikusöögiroog, mida seostati eriti koloniaalajastuga Indias sajandivahetuse paiku, serveeritakse kedgereed nüüd sagedamini lõunasöögiks.

350g/12oz suitsutatud kilttursa- või tursafileed
60 ml/4 spl külma vett
50 g/2 untsi/¼ tassi võid või margariini
225 g/8 untsi/1 tass basmati riisi
15 ml/1 spl mahedat karripulbrit
600 ml/1 pt/2½ tassi keeva veega
3 kõvaks keedetud (kõvaks keedetud) muna
150 ml/¼ pt/2/3 tassi ühekordset (kerget) kreemi
15 ml/1 spl hakitud peterselli
Sool ja värskelt jahvatatud must pipar
Peterselli oksad, kaunistuseks

Asetage kala madalasse külma veega kaussi. Kata toidukilega (kile) ja lõika kaks korda, et aur välja pääseks. Küpseta kuni valmis 5 minutit. Äravool. Rebi viljaliha kahe kahvliga, eemalda nahk ja luud. Asetage või või margariin ümmargusse 1,75-liitrisesse kuumakindlasse nõusse ja sulatage sulatusrežiimil 1,75 kuni 2 minutit. Sega hulka riis, karripulber ja keev vesi. Kata nagu enne ja küpseta Full 15 minutit. Haki kaks muna ja sega need kaussi kala, koore ja peterselliga, maitsesta. Kahvel on ümmargune, kata tagurpidi plaadiga ja kuumuta Full peal 5 minutit. Haki ülejäänud muna. Tõsta roog mikrolaineahjust ja kaunista hakitud muna ja peterselli okstega.

Kedgeree suitsulõhega

Serveerib 4

Valmistage nagu karri Kedgeree puhul, kuid asendage suitsutatud kilttursk või tursk ribadeks lõigatud 225 g/8 untsi suitsulõhega (lox). Suitsulõhet ei pea ette valmistama.

Suitsutatud kala Quiche

Serveerib 6

175 g muretainast (peamine pirukakoor)
1 munakollane, lahtiklopitud
125 g/4 untsi suitsukala, nagu makrell, kilttursk, tursk või forell,
keedetud ja tükeldatud
3 muna
150 ml/¼ pt/2/3 tassi hapukoort (piimahapukoor).
30 ml/2 spl majoneesi
Sool ja värskelt jahvatatud must pipar
75 g / 3 untsi / ¾ tassi riivitud Cheddari juustu
paprika
Segatud salat

Määri 20 cm/8 läbimõõduga klaas- või portselannõu kergelt võiga. Rulli tainas lahti ja kasuta sellega määritud vormi vooderdamiseks. Torgake korralikult läbi, eriti kohtades, kus külg puutub kokku alusega. Küpseta kaaneta täiskuumuses 6 minutit, panni kaks korda keerates. Kui tekivad muhud, vajutage ahjukindadega kaitstud sõrmedega. Pintselda kondiitrikarp (pirukakoor) seest munakollasega. Küpseta tervelt 1 minut, et kõik augud sulgeda. Võta ahjust välja. Kata põhi kalaga. Klopi munad koore ja majoneesiga lahti, maitsesta. Vala quiche'i ja puista peale juustu ja paprikat. Keeda kaaneta täis kuumusel 8 minutit. Serveeri soojalt koos salatiga.

Louisiana krevettide Gumbo

Serveerib 8

3 sibulat, hakitud

2 küüslauguküünt

3 sellerivart, peeneks hakitud

1 roheline (bulgaar) paprika, kivideta ja peeneks hakitud

50 g / 2 untsi / ¼ tassi võid

60 ml/4 supilusikatäit tavalist (universaalset) jahu

900 ml/1½ pt/3¾ tassi kuuma köögivilja- või kanapuljongit

350 g/12 untsi okra (naiste sõrmed), ülaosa ja saba

15 ml/1 spl soola

10 ml/2 tl jahvatatud koriandrit (koriander)

5 ml/1 tl kurkumit

2,5 ml/½ tl jahvatatud piment

30 ml/2 spl sidrunimahla

2 loorberilehte

5-10 ml/1-2 tl Tabasco kastet

450 g / 1 naela / 4 tassi keedetud kooritud krevette (krevetid), külmutatud korral sulatatud

350 g/12 untsi/1½ tassi pikateralist riisi, keedetud

Asetage sibulad 2,5-kvartise/4½ pt/11-tassi kaussi. Püreesta küüslauk pealt. Lisa seller ja roheline pipar. Sulata või täielikult 2 minutit. Sega juurde jahu. Küpseta kaaneta täisrežiimil 5–7 minutit, neli korda segades ja hoolikalt kõrbemist jälgides, kuni segu on kergelt biskviitroosa. Sega vähehaaval puljongisse. Lükka edasi. Lõika okra tükkideks ja lisa köögiviljadele koos kõigi ülejäänud koostisosadega, välja arvatud tabasco ja krevetid, kuid kaasa arvatud roux segu. Kata toidukilega (kile) ja lõika kaks korda, et aur välja pääseks. Küpseta kuni valmis 25 minutit. Lase seista 5 minutit. Sega juurde Tabasco ja krevetid. Vala lusikaga soojendatud sügavatesse kaussidesse ja lisa igasse hunnikusse värskelt keedetud riisi. Söö kohe.

Merekala Gumbo

Serveerib 8

Valmistage ette nagu Louisiana Prawn Gumbo puhul, kuid asendage krevetid (krevetid) sama kaaluga, ribadeks lõigatud kondita krevettidega. Kata toidukilega (kilega) ja küpseta Full 4 minutit enne serveerimiskaussidesse viimist.

Segatud kala Gumbo

Serveerib 8

Tee nagu Louisiana Shrimp Gumbo, kuid asenda krevetid (krevetid) erinevate kuubikuteks lõigatud kalafileega.

Forell mandlitega

Serveerib 4

50 g / 2 untsi / ¼ tassi võid
15 ml/1 spl sidrunimahla

4 keskmist forelli

50 g/2 untsi/½ tassi viilutatud (hakitud) mandleid, röstitud

Sool ja värskelt jahvatatud must pipar

4 sidruni viilu

Peterselli oksad

Sulata või sulatusrežiimil 1½ minutit. Sega juurde sidrunimahl. Asetage forell, peast sabani, võiga määritud 25 3 20 cm/10 3 8 nõusse. Pintselda kala võiseguga ning puista peale mandleid ja vürtse. Kata toidukilega (kile) ja lõika kaks korda, et aur välja pääseks. Küpseta Full 9-12 minutit, keerates panni kaks korda. Lase seista 5 minutit. Tõsta neljale soojendatud taldrikule. Vala peale keeduvedelik ning kaunista sidruniviilude ja petersellioksategа.

Provence'i krevetid

Serveerib 4

225 g/8 untsi/1 tass kergesti küpsetatavat pikateralist riisi

600 ml/1 pt/2½ tassi kuuma kala- või kanapuljongit

5 ml/1 tl soola

15 ml/1 spl oliiviõli

1 sibul, riivitud

1-2 küüslauguküünt, hakitud

6 suurt väga küpset tomatit, blanšeeritud, kooritud ja tükeldatud

15 ml/1 spl hakitud basiilikulehti

5 ml/1 tl tumedat pehmet pruuni suhkrut

450 g/1 naela/4 tassi külmutatud kooritud krevette (krevetid), sulatamata

Sool ja värskelt jahvatatud must pipar

Hakitud petersell

Asetage riis 2 kvarti/3½ pt/8½ tassi anumasse. Sega juurde kuum puljong ja sool. Kata toidukilega (kile) ja lõika kaks korda, et aur välja pääseks. Küpseta täielikult 16 minutit. Laske 8 minutit seista, et riis imab kogu niiskuse. Valage õli 1,75-liitrisesse/3 pt/7½ tassi serveerimisnõusse. Kuumuta kaaneta kokku 1½ minutit. Sega hulka sibul ja küüslauk. Küpseta kaaneta kõrgel kuumusel 3 minutit, segades kaks korda. Lisa tomatid koos basiiliku ja suhkruga. Kata plaadiga ja küpseta Full 5 minutit, segades kaks korda. Sega juurde külmutatud krevetid ja maitseained. Katke nagu enne ja küpseta Full 4 minutit, seejärel eraldage krevetid õrnalt. Kata uuesti kaanega ja küpseta veel 3 minutit täiel kuumusel. Laske seista. Kata riis taldrikuga ja kuumuta režiimil Defrost 5-6 minutit. Aseta neljale soojendatud taldrikule ning tõsta peale kala-tomati segu. Puista peale petersell ja serveeri kuumalt.

Lest sellerikastmes röstitud mandlitega

Serveerib 4

8 lestafileed, kogukaal ca 1 kg/2¼ naela
300 ml/10 fl oz/1 purk selleri kondenseeritud kreemjassupp
150 m/¼ pt/2/3 tassi keeva veega
15 ml/1 spl peeneks hakitud peterselli
30 ml/2 spl röstitud viilutatud mandleid

Rulli kalafilee pealaest sabani, naha küljed sees. Vooderda võiga määritud sügava 25 cm/10 läbimõõduga nõu äär. Vahusta supp õrnalt veega ja sega hulka petersell. Tõsta lusikaga kala peale. Kata roog toidukilega (kilega) ja tee kaks lõiget, et aur välja pääseks. Küpsetage täidisel 12 minutit, panni kaks korda keerates. Lase seista 5 minutit. Küpseta veel 6 minutit täiel kuumusel. Tõsta lusikaga soojendatud taldrikutele ja serveeri mandlitega üle puistatuna.

Filee tomatikastmes majoraaniga

Serveerib 4

Valmista lestana juursellerkastmes röstitud mandlitega, aga asenda seller kondenstomatisupiga ja peterselli jaoks 2,5 ml/½ tl kuivatatud majoraani.

Filee seenekastmes kressiga

Serveerib 4

Valmistage nagu lestaselleri kastmes röstitud mandlitega, kuid asendage selleriga kondenseeritud seenesupp ja peterselliga 30 ml/2 spl hakitud kressi.

Tursk segatud munaputruga

Serveerib 4

See leiti 19. sajandist pärit käsitsi kirjutatud vihikust, mis kuulus vana sõbra vanaemale.

675 g/1½ naela nahaga tursafilee
10 ml/2 tl sulatatud võid või margariini või päevalilleõli

paprika
Sool ja värskelt jahvatatud must pipar
50 g/2 untsi/¼ tassi võid või margariini
8 suurt sibulat, lõigatud ja viilutatud
350g/12oz külm keedetud kartul, kuubikuteks
150 ml/¼ pt/2/3 tassi ühekordset (kerget) kreemi
5 ml/1 tl soola
4 muna
175 ml / 6 fl untsi / ¾ tassi kuuma vett
5 ml/1 tl äädikat

Asetage kala madalasse nõusse. Pintselda veidi sulavõi või margariini või õliga. Maitsesta paprika, soola ja pipraga. Kata toidukilega (kile) ja lõika kaks korda, et aur välja pääseks. Küpseta sulatusrežiimil 14-16 minutit. Rebi kala kahe kahvliga, eemaldades luud. Asetage ülejäänud või, margariin või õli 20 cm/8 läbimõõduga pajavormi (Hollandi ahi). Kuumuta kaaneta režiimis Defrost 1½–2 minutit. Sega hulka sibulad. Kata taldrikuga ja küpseta Full 5 minutit. Sega kala kartulite, koore ja soolaga. Katke nagu enne ja kuumutage Full 5-7 minutit, kuni see on väga kuum, segades üks või kaks korda. Hoida kuumana. Munade pošeerimiseks purusta kaks muna ettevaatlikult väikesesse kaussi ning lisa pool vett ja pool äädikat. Torka noaotsaga munakollased läbi. Kata taldrikuga ja küpseta Full 2 minutit. Lase seista 1 minut. Korrake ülejäänud munade, kuuma vee ja äädikaga. Valage portsjonid räsi neljale soojendatud taldrikule ja lisage igale munale.

Kilttursk ja köögiviljad siidrikastmes

Serveerib 4

50 g/2 untsi/¼ tassi võid või margariini
1 sibul, õhukeselt viilutatud ja rõngasteks lõigatud
3 porgandit, õhukeselt viilutatud
50 g seeni, lõigatud viiludeks
4 tükki kilttursa või muud valget kalafileed ja kooritud
5 ml/1 tl soola
150 ml / ¼ pt / 2/3 tassi keskmiselt magusat siidrit

10 ml / 2 tl maisijahu (maisitärklis)

15 ml/1 spl külma vett

Aseta pool võist või margariinist sügavasse 20 cm/8 läbimõõduga nõusse. Sulatage, kaaneta, sulatusrežiimil umbes 1½ minutit. Lisa sibul, porgand ja seened. Aseta kala peale. Puista peale soola. Valage siider õrnalt kalale. Määri ülejäänud või või margariiniga. Kata toidukilega (kile) ja lõika kaks korda, et aur välja pääseks. Küpseta kuni valmis 8 minutit. Sega klaaskannu maisijahu külma veega ühtlaseks ja lisa õrnalt kalajook. Küpseta kaaneta kõrgel kuumusel 2,5 minutit, kuni see pakseneb, vispeldades iga minut. Vala kalale ja köögiviljadele. Tõsta soojendatud taldrikutele ja söö kohe.

Rannatort

Serveerib 4

Kaste jaoks:

700 g/1½ naela jahukartulid, koorimata
75 ml/5 spl keeva veega
15 ml/1 spl võid või margariini
75 ml/5 spl piima või ühe (kerge) koort
Sool ja värskelt jahvatatud pipar
Riivitud muskaatpähkel

Kastme jaoks:

300 ml/½ pt/1¼ tassi külma piima

30 ml/2 spl võid või margariini

20 ml/4 tl tavalist (universaal)jahu

75 ml/5 spl punast Leicesteri või värvilist Cheddari juustu, riivitud

5 ml/1 tl täistera sinepit

5 ml/1 tl Worcestershire'i kastet

Kala segu jaoks:

450 g/1 naela kooritud siiafileed, toatemperatuuril

Sulatatud või või margariin

paprika

60ml/4spl punast Leicesteri või värvilist Cheddari juustu, riivitud

Kastme valmistamiseks peske ja koorige kartulid ning lõigake suurteks kuubikuteks. Asetage 1,5-liitrisesse potti keeva veega. Kata toidukilega (kile) ja lõika kaks korda, et aur välja pääseks. Küpsetage täidisel 15 minutit, keerates panni kaks korda. Lase seista 5 minutit. Nõruta ja püreesta hästi või või margariini ja piima või koorega, kloppides kohevaks. Maitsesta soola, pipra ja muskaatpähkliga maitse järgi.

Kastme valmistamiseks kuumutage piima ilma kaaneta režiimil Full 1½ minutit. Lükka edasi. Sulatage kaaneta või või margariin sulatusrežiimil 1–1,5 minutit. Sega juurde jahu. Küpseta kaaneta täis kuumusel 30 sekundit. Sega vähehaaval juurde piim. Küpseta täidisega umbes 4 minutit, iga minut vispeldades, et kaste ühtlustuks, kuni kaste pakseneb. Sega juust ülejäänud kastme koostisosadega.

Kalasegu valmistamiseks pane fileed madalasse nõusse ja pintselda sulavõi või margariiniga. Maitsesta paprika, soola ja pipraga. Kata toidukilega (kile) ja lõika kaks korda, et aur välja pääseks. Küpseta kokku 5-6 minutit. Rebi kala kahe kahvliga, eemaldades luud. Valage võiga määritud 1,75-liitrisesse/3 pt/7½ tassi nõusse. Sega juurde kaste. Kata kartulitega ning puista peale juustu ja ekstra paprikat. Kuumuta kaaneta kokku 6-7 minutit.

Smoky Fish Toppers

Serveerib 2

2 külmutatud suitsutatud kilttursa portsjonit, igaüks 175 g/6 untsi
Värskelt jahvatatud must pipar
1 väike suvikõrvits (suvikõrvits), viilutatud
1 väike sibul, õhukeselt viilutatud
2 tomatit, blanšeeritud, kooritud ja tükeldatud
½ punast (bulgaaria) paprikat, kivideta ja ribadeks lõigatud
15 ml/1 spl hakitud küüslauku

Laota kalad sügavasse 18cm/7 läbimõõduga nõusse. Maitsesta pipraga. Kata toidukilega (kile) ja lõika kaks korda, et aur välja pääseks. Küpseta kuni valmis 8 minutit. Valage mahl kalale lusikaga üle, seejärel laske 1 minut seista. Asetage köögiviljad teise keskmise suurusega pajavormi (Hollandi ahju). Kata plaadiga ja küpseta Full 5 minutit, korra segades. Tõsta lusikaga köögiviljad kalale. Kata nagu enne ja küpseta Full 2 minutit. Puista peale murulauk ja serveeri.

Coley filee porru- ja sidrunimarmelaadiga

Serveerib 2

Ebatavaline tehing Edinburgh Seafood Service'ilt, kes annetas ka ülejäänud kolm retsepti.

15 ml/1 spl võid

1 küüslauguküüs, kooritud ja tükeldatud

1 porrulauk, poolitatud ja õhukesteks viiludeks

2 coley fileed, igaüks 175 g/6 untsi, nahaga

½ sidruni mahl

10 ml/2 tl sidrunimarmelaadi

Sool ja värskelt jahvatatud must pipar

Aseta või, küüslauk ja porru sügavasse 18 cm/7 läbimõõduga nõusse. Kata toidukilega (kile) ja lõika kaks korda, et aur välja pääseks. Küpseta kuni valmis 2½ minutit. paljastada Aseta filee peale ja puista peale poole sidruni mahl. Kata nagu enne ja küpseta Full 7 minutit. Tõsta kala kahele soojendatud taldrikule ja hoia kuumas. Sega kalamahla ja porru hulka ülejäänud sidrunimahl, marmelaad ja maitseained. Kata taldrikuga ja küpseta 1½ minutit Full. Tõsta lusikaga kalale ja serveeri.

Merekala jopes

Serveerib 4

4 ahjukartulit, koorimata, kuid korralikult läbi nühitud
450 g/1 naela valge kalafilee, kooritud ja kuubikuteks lõigatud
45 ml/3 spl võid või margariini
3 talisibulat, viilutatud ja kuubikuteks lõigatud
30 ml/2 spl täistera sinepit
1,5 ml/¼ tl paprikat ja lisatolmutamiseks
30–45 ml/2–3 spl maitsestamata jogurtit
soola

Aseta kartulid otse pöördalusele, kata köögipaberiga ja küpseta Full ahjus 16 minutit. Mähi puhta rätiku sisse (nõuderätik) ja tõsta kõrvale. Aseta kala 18cm/7cm pajavormi (Hollandi ahi) koos või või margariini, sibulate, sinepi ja paprikaga. Kata taldrikuga ja küpseta Full 7 minutit, segades kaks korda. Lase 2 minutit seista. Segage jogurt ja sool maitse järgi. Lõika igale kartulile rist ja pigista õrnalt lahti. Täida kalaseguga, puista peale paprika ja söö kuumalt.

Rootsi tursk sulavõi ja munaga

Serveerib 4

300 ml/½ pt/1¼ tassi külma vett

3 tervet nelki

5 kadakamarja

1 loorberileht, tükeldatud

2,5 ml/½ tl segatud marineerimisvürtse

1 sibul, neljandikku

10 ml / 2 tl soola

4 keskmise suurusega värsket tursapihvi, igaüks 225 g/8 untsi

75 g / 3 untsi / 2/3 tassi võid

2 kõvaks keedetud (kõvaks keedetud) muna (lk 98-9), kooritud ja tükeldatud

Vala klaaskanni vesi, nelk, kadakamarjad, loorberileht, marineerimisvürtsid, sibulaveerandid ja sool. Kata toidukilega (kile) ja lõika kaks korda, et aur välja pääseks. Küpseta kuni valmis 15 minutit. Kurna. Aseta kala sügavasse 25 cm/10 läbimõõduga nõusse ja vala kurnatud vedelik sisse. Kata toidukilega ja lõika kaks korda, et aur eralduks. Küpseta 10 minutit täidisel, panni kaks korda keerates. Tõsta kala kalalõikuri abil soojendatud nõusse ja hoia kuumas. Sulatage või ilma kaaneta sulatusrežiimil 2 minutit. Vala kalale. Puista peale hakitud muna ja serveeri.

Mereannid Stroganoff

Serveerib 4

30 ml/2 spl võid või margariini
1 küüslauguküüs, hakitud
1 sibul, hakitud
125 g/4 untsi seeni
700 g/1½ naela valge kalafileed, kooritud ja kuubikuteks lõigatud
150 ml / ¼ pt / 2/3 tassi hapukoort või crème fraîche
Sool ja värskelt jahvatatud must pipar
30 ml/2 spl hakitud peterselli

Asetage või või margariin 20 cm/8 läbimõõduga pajavormi (Hollandi ahi). Sulatage kaaneta, sulatusrežiimil 2 minutit. Lisa küüslauk, sibul ja seened. Kata toidukilega (kile) ja lõika kaks korda, et aur välja pääseks. Küpseta kuni valmis 3 minutit. Lisa kalakuubikud. Kata nagu enne ja küpseta Full 8 minutit. Sega juurde koor ning maitsesta soola ja pipraga. Katke uuesti ja küpseta täielikult 1½ minutit. Serveeri peterselliga üle puistatuna.

Värske tuunikala Stroganoff

Serveerib 4

Valmistage nagu Seafood Stroganoff, kuid asendage valge kala väga värske tuunikalaga.

Valge kala Ragout Supreme

Serveerib 4

30 ml/2 spl võid või margariini
1 sibul, hakitud
2 porgandit, peeneks hakitud
6 sellerivart õhukesteks viiludeks

150 ml / ¼ pt / 2/3 tassi valget veini
400 g/14 untsi tursa- või kilttursafilee nahaga, tükeldatud
10 ml / 2 tl maisijahu (maisitärklis)
90 ml/6 spl ühekordset (kerget) koort
150 ml / ¼ pt / 2/3 tassi köögiviljapuljongit
Sool ja värskelt jahvatatud must pipar
2,5 ml/½ tl anšooviseessentsi (ekstrakt) või Worcestershire'i kastet
30 ml/2 supilusikatäit hakitud tilli (tilliumbrohi)
300 ml / ½ pt / 1¼ tassi vahukoort
2 munakollast

Asetage või või margariin 20 cm/8 läbimõõduga pajavormi (Hollandi ahi). Kuumuta kaaneta kokku 2 minutit. Lisa köögiviljad ja vein. Kata toidukilega (kile) ja lõika kaks korda, et aur välja pääseks. Küpseta kuni valmis 5 minutit. Lase 3 minutit seista. Lisa kala köögiviljadele. Sega maisijahu koorega ühtlaseks, seejärel sega hulka puljong. Maitsesta soola, pipra ja anšooviseessentsi või Worcestershire'i kastmega. Vala kalale. Kata nagu enne ja küpseta Full 8 minutit. Sega juurde till, seejärel sega koor ja munakollased ning sega kalasegu hulka. Kata nagu enne ja küpseta režiimil Defrost 3 minutit.

Lõhevaht

Serveerib 8

30 ml/2 spl želatiinipulbrit

150 ml / ¼ pt / 2/3 tassi külma vett

418 g/15 untsi/1 suur soolõhe

150 ml/¼ pt/2/3 tassi kreemjat majoneesi

15 ml/1 supilusikatäis mahedat toodetud sinepit

10 ml/2 tl Worcestershire'i kastet

30 ml/2spl puuviljatšatnit, vajadusel tükeldatud

½ suure sidruni mahl

2 suurt munavalget

Näputäis soola

Kaunistuseks kress, kurgiviilud, salatirohelised ja värsked laimiviilud

Sega želatiin 75 ml/5 spl külma vette ja lase 5 minutit seista, et see pehmeneks. Sulatage kaaneta, sulatusrežiimil 2½ kuni 3 minutit. Segage uuesti ja lisage ülejäänud vesi. Pane lõhepurgi sisu üsna suurde kaussi ja tükelda kahvliga, eemaldades naha ja luud, seejärel püreesta päris peeneks. Sega omavahel lahustunud želatiin, majonees, sinep, Worcestershire'i kaste, chutney ja sidrunimahl. Katke ja jahutage, kuni see hakkab paksenema ja servad pinguldama. Vahusta munavalged tugevaks vahuks. Sega kolmandik soolalõhe segusse. Voldi hulka ülejäänud munavalged ja vala segu 1,5-liitrisesse / 2½ pt / 6-tassisesse vedruvormi, loputades esmalt külma veega. Kata toidukilega (kilekilega) ja pane 8 tunniks külmkappi, kuni see on tahke. Kasta vorm enne serveerimist kiirelt ääreni külma vette ja eemalda lahti. Kasutage märja nuga, lõigake küljed õrnalt ümber, seejärel pöörake tagurpidi suurele märjale serveerimisnõule. (Jello ei kleepu niisutamisel.) Kaunista ahvatlevalt kressi, kurgiviilude, salatiroheliste ja laimiviiludega.

Lõhevaht dieedipidajatele

Serveerib 8

Valmista nagu lõhevaht, aga asenda majonees keefiri või kodujuustuga.

Krabi Mornay

Serveerib 4

300 ml/½ pt/1¼ tassi koort piima
10 ml / 2 tl. segatud marineerimisvürtsid
1 väike sibul, lõigatud 8 viiluks
2 oksa peterselli
Näputäis muskaatpähklit
30 ml/2 spl võid
30 ml/2 spl. lihtne (universaalne) jahu

Sool ja värskelt jahvatatud must pipar
75 g / 3 untsi / ¾ tassi Gruyère (Šveitsi) juustu, riivitud
5 ml/1 tl kontinentaalset sinepit
350g/12oz valmistatud heledat ja tumedat krabiliha
Röstitud saia viilud

Vala piim klaas- või plastkannu ja sega juurde marineerimisvürtsid, sibulaviilud, petersell ja muskaatpähkel. Kata plaadiga ja kuumuta Full peal 5-6 minutit, kuni piim hakkab tarduma. Kurna. Asetage või 1,5-liitrisesse kaussi ja sulatage sulatusrežiimil 1,5 minutit. Sega juurde jahu. Küpseta kuni valmis 30 sekundit. Sega järk-järgult sooja piima hulka. Keeda täidisega umbes 4 minutit, iga minut vispeldades, kuni kaste keeb ja pakseneb. Maitsesta soola ja pipraga ning sega hulka juust ja sinep. Küpseta kokku 30 sekundit või kuni juust on sulanud. Sega hulka krabiliha. Kata plaadiga ja kuumuta Full 2-3 minutit. Serveeri värskelt valmistatud röstsaial.

Tuna Mornay

Serveerib 4

Valmistage nagu Crab Mornay puhul, kuid asendage krabiliha tuunikalakonservidega õlis. Tükelda viljaliha kahe kahvliga ja lisa kastmele koos purgist saadud õliga.

Punane lõhe Mornay

Serveerib 4

Valmista nagu Crab Mornay puhul, kuid asenda krabiliha konserveeritud punase lõhega, nõrutatud ja tükeldatud.

Mereandide ja kreeka pähklite kombinatsioon

Serveerib 4

45 ml/3 spl oliiviõli
1 sibul, hakitud
2 porgandit, viilutatud
2 sellerivart, õhukeselt viilutatud
1 punane (bulgaar) paprika, kivideta ja ribadeks lõigatud
1 roheline (bulgaar) paprika, kivideta ja ribadeks lõigatud
1 väike suvikõrvits (suvikõrvits), õhukesteks viiludeks
250 ml / 8 fl untsi / 1 tass valget veini
Näputäis segatud vürtse
300 ml/½ pt/1¼ tassi kala- või köögiviljapuljongit
450 g küpseid tomateid, blanšeeritud, kooritud ja tükeldatud
125g/4oz kalmaarirõngad
400 g ruutudeks lõigatud lesta- või sidrunikella filee

125 g / 4 untsi keedetud rannakarpe
4 suurt keedetud krevetti (krevetid)
50 g/2 untsi/½ tassi kreeka pähkli poolikuid või tükke
50 g/2 untsi/1/3 tassi sultanaid (kuldseid rosinaid)
Natuke šerrit
Sool ja värskelt jahvatatud must pipar
1 sidruni mahl
30 ml/2 spl hakitud peterselli

Kuumuta õli 2,5-kvartises/4½ pt/11-tassises vormiroas (Hollandi ahi) 2 minutit. Lisa kõik köögiviljad. Küpseta kaaneta 5 minutit, segades kaks korda. Lisa vein, vürtsid, puljong ja tomatid terve kala ja mereandidega. Kata toidukilega (kile) ja lõika kaks korda, et aur välja pääseks. Küpseta kuni valmis 10 minutit. Segage kõik ülejäänud koostisosad, välja arvatud petersell. Kata nagu enne ja küpseta Full 4 minutit. Kata lahti, puista peale petersell ja serveeri kohe.

Lõherõngas tilliga

Serveerib 8-10

125 g/4 untsi/3½ viilu lahtise tekstuuriga saia
900 g/2 naela värske lõhefilee nahaga, kuubikuteks
10 ml/2 tl pudelis anšooviskaastet
5-7,5 ml / 1-1,5 tl soola
1 küüslauguküüs, hakitud
4 suurt muna, lahtiklopitud
25 g/1 untsi värsket tilli (tilliumbrohi)
valge pipar

Määrige kergelt võiga sügav 23 cm/9 läbimõõduga nõu. Purusta leib köögikombainiga. Lisa kõik ülejäänud koostisosad. Pulseerige masinat, kuni segu on segunenud ja kala on jämedalt jahvatatud. Vältige üle segamist, vastasel juhul on segu raske ja paks. Jaotage ühtlaselt ettevalmistatud nõusse ja lükake beebimoosipurk (konserveeritud) või munatops otse keskele, et moodustada rõngas. Kata toidukilega (kile) ja lõika kaks korda, et aur välja pääseks. Küpsetage täidisel 15 minutit, keerates panni kaks korda. (Rõngas tõmbub tassi küljelt eemale.) Laske seista, kuni see jahtub, seejärel katke kaanega ja jahutage. Viiluta ja serveeri. Ülejääke saab kasutada võileibades.

Segakala rõngas peterselliga

Serveerib 8-10

Valmista lõherõngana tilliga, kuid asenda lõhe nahaga lõhefileed, hiidlesta ja kilttursa segu ning tilli jaoks 45ml/3spl hakitud peterselli.

Tursahautis peekoni ja tomatiga

Serveerib 6

30 ml/2 spl võid või margariini
225 g/8 untsi gammonit, jämedalt hakitud
2 sibulat, hakitud
1 suur roheline paprika, kivideta ja ribadeks lõigatud
2 3 400 g/2 3 14 untsi/2 suurt purki tomatit
15 ml/1 spl mahedat kontinentaalset sinepit
45 ml/3 spl Cointreau või Grand Marnier
Sool ja värskelt jahvatatud must pipar
700 g/1½ naela nahaga tursafilee, kuubikuteks lõigatud
2 küüslauguküünt, hakitud
60 ml/4 spl röstitud pruuni riivsaia
15 ml/1 spl maapähkli- või päevalilleõli

Asetage või või margariin 2-kvartise/3½ pt/8½-tassi pajarooga (Hollandi ahi). Kuumuta kaaneta kokku 1½ minutit. Sega gammon, sibul ja pipar. Küpseta kaaneta sulatusrežiimil 10 minutit, segades kaks korda. Eemaldage mikrolaineahjust. Lisa tomatid, purusta need kahvliga ja sega hulka sinep, liköör ja maitseained. Kata toidukilega (kile) ja lõika kaks korda, et aur välja pääseks. Küpseta kuni valmis 6 minutit. Lisa kala ja küüslauk. Kata nagu enne ja küpseta keskmisel kuumusel 10 minutit. Puista peale riivsai ja nirista peale õli. Kuumuta, kaaneta, kuni valmis, 1 minut.

Lieknej kala

Serveerib 2

Vürtsika jalapenokastmega ja veenvalt vürtsidega nautige seda uhket kalasööki koos röstise prantsuse leiva ja maalähedase punase veiniga.

2 sibulat, jämedalt hakitud

2 küüslauguküünt, hakitud

15 ml/1 spl oliivõli

400 g/14 untsi/1 suur purk kuubikuteks lõigatud tomateid

200 ml / 7 fl untsi / väike 1 tass roosat veini

15 ml/1 supilusikatäis Pernod või Ricard (pasta)

10 ml/2 tl jalapeno kastet

2,5 ml/½ tl terava pipra kastet

10 ml/2 tl garam masala

1 loorberileht

2,5 ml/½ tl kuivatatud pune

2,5-5 ml / ½-1 tl soola

225 g merikuradi või hiidlest nahaga, lõigatud ribadeks

12 suurt keedetud krevetti (krevetid)

2 suurt kammkarpi, lõigatud ribadeks

30 ml/2 spl hakitud koriandrit (koriandrit) kaunistuseks

Asetage sibul, küüslauk ja õli 2 1/3½ pt/8½ tassi pajanõusse (Hollandi ahi). Kata taldrikuga ja küpseta Full 3 minutit. Sega kokku ülejäänud ained, välja arvatud kala, karbid ja koriander. Kata nagu enne ja küpseta Full 6 minutit, segades kolm korda. Sega hulka merikuradi või hiidlest. Kata nagu enne ja küpseta Defrost'il 4 minutit, kuni kala on valge. Sega hulka krevetid ja kammkarbid. Kata nagu enne ja küpseta režiimil Defrost 1½ minutit. Sega läbi, vala sügavatele taldrikutele ja puista igale peale koriandrit. Serveeri kohe.

Praetud kana

Mikrolaineahjus küpsetatud kana võib olla mahlane ja maitsev, kui seda töödeldakse õige pudruga ja jäetakse täidiseta.

1 ahjukana, vastavalt vajadusele

Basta jaoks:

25 g / 1 unts / 2 spl võid või margariini

5 ml/1 tl paprikat

5 ml/1 tl Worcestershire'i kastet

5 ml/1 tl sojakastet

2,5 ml/½ tl küüslaugusoola või 5 ml/1 tl küüslaugupastat

5 ml/1 tl tomatipüreed (pasta)

Asetage pestud ja kuivatatud kana anumasse, mis on piisavalt suur, et see mahutaks ja mahuks mikrolaineahju. (See ei pea olema sügav.) Pudru valmistamiseks sulata või või margariin Fullil 30-60 sekundit. Sega hulka ülejäänud koostisosad ja tõsta lusikaga kana peale. Kata toidukilega (kile) ja lõika kaks korda, et aur välja pääseks. Küpseta täielikult 8 minutit 450 g/1 naela juures, pöörates panni iga 5 minuti järel. Poole küpsetamise ajal lülitage mikrolaineahi välja ja laske linnul 10 minutit sees seista, seejärel lõpetage küpsetamine. Lase seista veel 5 minutit. Tõsta nikerdusplaadile, kata fooliumiga ja lase enne nikerdamist 5 minutit puhata.

Glasuuritud praekana

Valmista nagu steigi puhul, kuid lisa segule 5 ml/1 tl musta melassi, 10 ml/2 tl fariinsuhkrut, 5 ml/1 tl sidrunimahla ja 5 ml/1 tl pruunikastet. Jätke küpsetusaega veel 30 sekundit.

Tex-mex kana

Valmista nagu praekana. Pärast küpsetamist jagage lind portsjoniteks ja asetage puhtasse anumasse. Nirista peale poest ostetud salsat, maitse järgi keskmiselt kuuma. Puista peale 225 g riivitud Cheddari juustu. Kuumuta kaaneta režiimis Defrost umbes 4 minutit, kuni juust on sulanud ja mullitav. Serveeri koos konserveeritud ahjuubade ja avokaadoviiludega, niristatud sidrunimahlaga.

Kroonimiskana

1 kanapraad
45 ml/3 spl valget veini
30 ml/2 spl tomatipüreed (pasta)
30 ml / 2 spl mango chutney
30 ml/2 spl. sõelutud (hõõrutud) aprikoosimoos (konserv)
30 ml/2 supilusikatäit vett
½ sidruni mahl
10 ml/2 tl mahedat karripastat
10 ml/2 tl šerrit
300 ml / ½ pt / 1¼ tassi paksu majoneesi
60 ml/4 spl vahukoort
225 g / 8 untsi / 1 tass pikateralist riisi, keedetud
Vesilõikused

Järgige röstitud kana retsepti, sealhulgas prae. Kui liha on küpsetatud, eemaldage see kontidelt ja lõigake suupisteteks. Aseta segamisnõusse. Vala vein kaussi ja lisa tomatipüree, chutney, moos, vesi ja sidrunimahl. Kuumuta, kaaneta, kuni valmis, 1 minut. Lase jahtuda. Sega karripasta, šerri ja majoneesiga ning vala peale koor. Sega kanaga. Aseta riisipeenar suurele serveerimisnõule ja tõsta lusikaga kanasegu peale. Kaunista kressiga.

Kana Veronique

1 kanapraad

1 sibul, peeneks riivitud

25 g / 1 unts / 2 spl võid või margariini

150 ml / ¼ pt / 2/3 tassi crème fraîche

30 ml/2spl valget portveini või keskmiselt kuiva šerrit

60 ml/4 spl paksu majoneesi

10 ml/2 tl valmistatud sinepit

5 ml/1 tl tomatiketšupit (catsup)

1 väike sellerivars, tükeldatud

75 g/3 untsi tooreid seemneteta viinamarju

Kaunistuseks väikesed kobarad rohelisi või punaseid seemneteta viinamarju

Järgige röstitud kana retsepti, sealhulgas prae. Kui liha on küpsetatud, eemaldage see kontidelt ja lõigake suupisteteks. Aseta segamisnõusse. Asetage sibul väikesesse kaussi koos või või margariiniga ja küpseta kaaneta 2 minutit. Kolmandas kausis sega crème fraîche, portvein või šerri, majonees, sinep, tomatiketšup ja seller. Lisa kanale koos keedetud sibula ja viinamarjadega. Tõsta lusikaga korralikult serveerimisnõusse ja kaunista viinamarjakobaratega.

Kana äädikakastmes estragoniga

Kohandatud retsepti järgi, mis avastati 1970. aastate alguses Prantsusmaal Lyoni populaarses restoranis.

1 kanapraad
25 g / 1 unts / 2 spl võid või margariini
30 ml/2 spl maisijahu (maisitärklis)
15 ml/1 spl tomatipüree (pasta)
45 ml/3 spl topelt (rasket) koort
45 ml/3 spl linnaseäädikat
Sool ja värskelt jahvatatud must pipar

Järgige röstitud kana retsepti, sealhulgas prae. Lõika küpsenud lind kuueks osaks, kata fooliumiga ja hoia taldrikul kuumana. Kastme valmistamiseks valage kana mahlad mõõtekannu ja lisage kuuma vett kuni 250 ml / 8 fl oz / 1 tass. Asetage või või margariin eraldi anumasse ja kuumutage ilma kaaneta 1 minut. Sega hulka maisijahu, tomatipüree, koor ja äädikas, maitsesta soola ja värskelt jahvatatud musta pipraga. Sega vähehaaval juurde kuumad kanamahlad. Küpseta kaaneta kõrgel kuumusel 4–5 minutit, kuni see pakseneb ja mullitab, vahustades iga minut. Vala kana peale ja serveeri kohe.

Taani praekana peterselli täidisega

Valmista nagu steigi puhul, kuid tee küpsetamata kananahasse mõned pilud ja lisa väikesed peterseliioksad. Lisage kehaõõnde 25 g/1 untsi/2 spl küüslauguvõid. Seejärel jätkake retseptis kirjeldatud viisil.

Kana Simla

Anglo-India eriala, mis pärineb Raji perioodist.

1 kanapraad

15 ml/1 spl võid

5 ml/1 tl peeneks hakitud ingverijuurt

5 ml/1 tl küüslaugupüreed (pasta)

2,5 ml / ½ tl kurkumit

2,5 ml / ½ tl paprikat

5 ml/1 tl soola

300 ml / ½ pt / 1¼ tassi vahukoort

Praetud (hautatud) sibularõngad, isetehtud või ostetud, kaunistatud

Järgige röstitud kana retsepti, sealhulgas prae. Pärast valmimist jaga lind kuueks osaks ja hoia suurel taldrikul või anumas soojas. Kuumutage võid 600 ml/1 pt/2½ tassi potis täisrežiimil 1 minut. Lisa ingveri ja küüslaugupüree. Hauta kaaneta täiskaanel 1½ minutit. Sega hulka kurkum, paprika ja sool ning seejärel koor. Kuumuta kaaneta 4-5 minutit, kuni kreem hakkab mullitama, vahustades vähemalt neli korda. Vala kana peale ja kaunista sibularõngastega.

Vürtsikas kana kookose ja koriandriga

Serveerib 4

Õrnalt vürtsikas karriroog Lõuna-Aafrikast.

8 portsjonit kana, kokku 1,25 kg/2¾ naela

45 ml/3 spl kuivatatud (hakitud) kookospähklit

1 roheline tšilli, umbes 8 cm/3 pikk, puhastatud seemnetest ja tükeldatud
1 küüslauguküüs, hakitud
2 sibulat, hakitud
5 ml/1 tl kurkumit
5 ml/1 tl jahvatatud ingverit
10 ml/2 tl mahedat karripulbrit
90 ml/6 supilusikatäit jämedalt hakitud koriandrit (koriander)
150 ml / ¼ pt / 2/3 tassi konserveeritud kookospiima
125 g/4 untsi/½ tassi kodujuustu murulauguga
soola
175 g/6 untsi/¾ tassi pikateralist riisi, keedetud
Chutney, serveerimiseks

Koori kana. Asetage sügava 25 cm/10 läbimõõduga tassi serva ümber, surudes tükid tihedalt kokku, et need tihedalt sobiksid. Kata toidukilega (kile) ja lõika kaks korda, et aur välja pääseks. Küpseta 10 minutit täidisel, panni kaks korda keerates. Pange kookospähkel kaussi koos kõigi ülejäänud koostisosadega, välja arvatud riis. Sega hästi. Katke kana ja katke kookospähkliseguga. Kata nagu enne ja küpseta Full 10 minutit, panni neli korda keerates. Serveeri sügavatel taldrikutel riisikünkal koos chutneyga eraldi.

Vürtsikas jänes

Serveerib 4

Valmistage vürtsikas kana kookose ja koriandriga, kuid asendage kana kaheksa portsjoni küülikuga.

Vürtsikas Türgi

Serveerib 4

Valmistage vürtsikas kana kookose ja koriandriga, kuid asendage kana kaheksa 175 g/6 untsi kondita kalkuni rinnafileega.

Kana Bredie tomatitega

Serveerib 6

Lõuna-Aafrika hautis, mis on valmistatud kõige populaarsemate koostisosade kombinatsioonist.

30 ml/2 supilusikatäit päevalille- või maisiõli
3 sibulat, peeneks hakitud

1 küüslauguküüs, peeneks hakitud
1 väike roheline tšilli, kivideta ja tükeldatud
4 tomatit, blanšeeritud, kooritud ja viilutatud
750 g/1½ naela kondita kana rinnad, lõigatud väikesteks kuubikuteks
5 ml/1 tl tumedat pehmet pruuni suhkrut
10 ml/2 tl tomatipüreed (pasta)
7,5-10 ml / 1½-2 tl soola

Vala õli sügavasse 25 cm/10 läbimõõduga nõusse. Lisa sibul, küüslauk ja tšilli ning sega korralikult läbi. Küpseta kaaneta 5 minutit. Lisa kaussi ülejäänud koostisosad ja tee munatopsi abil keskele väike süvend, et segu moodustaks rõnga. Kata toidukilega (kile) ja lõika kaks korda, et aur välja pääseks. Küpsetage ahjus 14 minutit, keerates panni neli korda. Enne serveerimist lase 5 minutit seista.

Hiina punane keedetud kana

Serveerib 4

Rafineeritud Hiina hautis, kus kana saab kastmes mahagonivärvi. Söö koos rohke keedetud riisiga, et soolane mahl imada.

6 kuivatatud hiina seeni
8 suurt kanakintsu, kokku 1 kg/2¼ naela
1 suur sibul, riivitud

60 ml/4 spl peeneks hakitud konserveeritud ingverit

75 ml/5 spl magusat šerrit

15 ml/1 spl blackstrap melassi

1 mandariini või sarnase koheva tsitrusvilja riivitud koor

50 ml/2 fl untsi/3½ tassi sojakastet

Leota seeni 30 minutit kuumas vees. Nõruta ja lõika ribadeks. Lõika ära kintsupulkade lihavad osad ja aseta sügava 25 cm/10 läbimõõduga nõu servadesse, luuotsad keskel. Kata toidukilega (kile) ja lõika kaks korda, et aur välja pääseks. Küpsetage ahjus 12 minutit, keerates panni kolm korda. Sega ülejäänud koostisosad, sealhulgas seened, ja tõsta lusikaga kana peale. Kata nagu enne ja küpseta Full 14 minutit. Enne serveerimist lase 5 minutit seista.

Aristokraatlikud kanatiivad

Serveerib 4

Sajandeid vana Hiina retsept, mida eelistavad eliit ja mida süüakse munanuudlitega.

8 kuivatatud hiina seeni

6 talisibulat, jämedalt hakitud

15 ml/1 spl maapähkliõli

900 g/2 naela kanatiivad

225 g/8 untsi konserveeritud, tükeldatud bambusevõrseid

30 ml/2 spl maisijahu (maisitärklis)

45 ml/3 spl Hiina riisiveini või keskmiselt kuiva šerrit

60 ml/4 spl sojakastet

10 ml/2 tl peeneks hakitud värsket ingverijuurt

Leota seeni 30 minutit kuumas vees. Nõruta ja lõika neljaks. Aseta sibul ja õli sügavasse 25 cm/10 läbimõõduga nõusse. Küpseta kaaneta täis kuumusel 3 minutit. Sega ringi. Aseta kanatiivad anumasse, jättes keskele väikese süvendi. Kata toidukilega (kile) ja lõika kaks korda, et aur välja pääseks. Küpsetage ahjus 12 minutit, keerates panni kolm korda. paljastada Pintselda purki bambusevõrsete ja vedelikuga ning puista peale seened. Sega maisijahu sujuvalt riisiveini või šerriga. Lisa ülejäänud koostisosad. Tõsta lusikaga kana ja köögiviljad peale. Kata nagu enne ja küpseta Full 10-12 minutit, kuni vedelik hakkab mullitama. Enne serveerimist lase 5 minutit seista.

Kana Chow Mein

Serveerib 4

½ kurki, kooritud ja kuubikuteks lõigatud

275 g/10 untsi/2½ tassi külmküpsetatud kana, lõigatud väikesteks kuubikuteks

450 g/1 naela värskeid köögivilju röstimiseks

30 ml/2 spl sojakastet

30 ml/2 supilusikatäit keskmiselt kuiva šerrit

5 ml/1 tl seesamiõli

2,5 ml / ½ tl soola
Keedetud hiina nuudlid, serveeritud

Asetage kurk ja kana 1,75-liitrisesse/3 pt/7½ tassi pajanõusse. Segage kõik ülejäänud koostisosad. Kata suure plaadiga ja küpseta Full ahjus 10 minutit. Lase seista 3 minutit enne serveerimist koos Hiina nuudlitega.

Kanakotlet Suey

Serveerib 4

Valmistage nagu Chicken Chow Mein, kuid asendage nuudlid keedetud pikateralise riisiga.

Kiire marineeritud hiina kana

Serveerib 3

Autentne maitse, aga nii kiiresti kui võimalik. Serveeri riisi või nuudlite ja Hiina hapukurgiga.

6 suurt kanakintsu, kokku umbes 750 g/1½ naela

125 g / 4 untsi / 1 tass suhkrumaisi tuumad, poolsulatatud, kui need on külmunud

1 porrulauk, tükeldatud

60 ml/4 spl. ostetud hiina marinaad

Asetage kana sügavasse kaussi ja lisage ülejäänud koostisosad. Sega hästi. Katke ja jahutage 4 tundi. Sega kokku. Tõsta kana 23 cm/9 sügavasse tassi, asetades kana ümber serva. Kata toidukilega (kile) ja lõika kaks korda, et aur välja pääseks. Küpseta täisrežiimil 16 minutit, panni neli korda keerates. Enne serveerimist lase 5 minutit seista.

Hongkongi kana köögiviljasegude ja oa võrsetega

Serveerib 2-3

4 kuivatatud hiina seeni

1 suur sibul, hakitud

1 porgand, riivitud

15 ml/1 spl maapähkliõli

2 küüslauguküünt, hakitud

225 g / 8 untsi / 2 tassi ribadeks lõigatud keedetud kana

275 g/10 untsi ubad

15 ml/1 spl sojakastet

1,5 ml/¼ tl seesamiõli

Hea näputäis cayenne'i pipart

2,5 ml / ½ tl soola

Serveeritakse keedetud riisi või hiina nuudlitega

Leota seeni 30 minutit kuumas vees. Nõruta ja lõika ribadeks. Asetage sibul, porgand ja õli 1,75-liitrisesse/3 pt/7½ tassi pajanõusse. Küpseta kaaneta täis kuumusel 3 minutit. Sega juurde ülejäänud koostisosad. Kata toidukilega (kile) ja lõika kaks korda, et aur välja pääseks. Küpseta 5 minutit täidisel, panni kolm korda keerates. Enne riisi või pastaga serveerimist lase 5 minutit seista.

Kana Golden Dragon kastmega

Serveerib 4

4 suurt lihakat kanatükki, igaüks 225 g/8 untsi, nahaga
Tavaline (universaalne) jahu
1 väike sibul, hakitud
2 küüslauguküünt, hakitud
30 ml/2 spl sojakastet
30 ml/2 supilusikatäit keskmiselt kuiva šerrit
30 ml/2 spl maapähkliõli
60 ml/4 spl sidrunimahla
60 ml/4 spl hele pehmet pruuni suhkrut
45 ml/3 spl lahustatud ja sõelutud (püree) aprikoosimoosi (konserv)
5 ml/1 tl jahvatatud koriandrit (koriander)
3-4 tilka kuuma pipra kastet

Serveeritakse oadõrse salatit ja hiina nuudleid

Lõika kanalihaste jämedad osad terava noaga mitmest kohast läbi, puista jahuga ning aseta seejärel sügavasse 25cm/10 läbimõõduga nõusse. Segage ülejäänud koostisosad hoolikalt. Vala kana peale. Kata roog lõdvalt majapidamispaberiga ja pane 4-5 tunniks külmkappi marineeruma, vuugikohti kaks korda keerates. Aseta lõigatud küljed ülespoole, seejärel kata nõu toidukilega (kilega) ja tee kaks lõiget, et aur välja pääseks. Küpseta 22 minutit, panni neli korda keerates. Serveeri pastapeenral ja nirista peale roast saadud mahla.

Ingveri kanatiivad salatiga

Serveerib 4-5

1 suur cos (rooma) salat, tükeldatud

2,5 cm/1 tk ingverijuur, õhukesteks viiludeks

2 küüslauguküünt, hakitud

15 ml/1 spl maapähkliõli

300 ml/½ pt/1¼ tassi keeva kanapuljongit

30 ml/2 spl maisijahu (maisitärklis)

2,5 ml/½ tl viie vürtsi pulbrit

60 ml/4 spl külma vett

5 ml/1 tl sojakastet

5 ml/1 tl soola

1 kg / 2¼ naela kanatiivad

Serveeritakse keedetud riisi või hiina nuudlitega

Lisa salat, ingver, küüslauk ja õli üsna suurele pajaroale (hollandi ahi). Kata taldrikuga ja küpseta Full 5 minutit. Avage ja valage keev puljong. Sega maisijahu ja viievürtsipulber külma veega ühtlaseks. Sega juurde sojakaste ja sool. Lisage kanatiibadega salati segule, segades õrnalt, kuni see on hästi segunenud. Kata toidukilega (kile) ja lõika kaks korda, et aur välja pääseks. Küpseta täielikult 20 minutit, panni neli korda keerates. Enne riisi või pastaga serveerimist lase 5 minutit seista.

Bangkoki kookospähkli kana

Serveerib 4

Ehtne artikkel, mille tegi minu köögis noor Tai sõber.

4 kondita kanarinda, igaüks 175 g/6 untsi

200 ml / 7 fl untsi / umbes 1 tass koorega kookospähklit

1 laimi mahl

30 ml/2 spl külma vett

2 küüslauguküünt, hakitud

5 ml/1 tl soola

1 sidrunheina vars, pikuti pooleks lõigatud, või 6 melissilehte

2–6 rohelist paprikat või 1,5–2,5 ml/¼–½ tl kuivatatud punase pipra

pulbrit

4-5 värsket laimilehte

20 ml/4 tl hakitud koriandrit (koriander)

175 g/6 untsi/¾ tassi pikateralist riisi, keedetud

Asetage kana ümber sügava 20 cm/8 läbimõõduga tassi serva, jättes keskele süvend. Kata toidukilega (kile) ja lõika kaks korda, et aur välja pääseks. Küpseta Full 6 minutit, keerates panni kaks korda. Sega kookoskoor, laimimahl ja vesi, seejärel sega hulka küüslauk, sool ja vala kanale. Puista peale sidrunheina või melissi lehti, maitse järgi paprikat ja laimilehti. Kata nagu enne ja küpseta Full 8 minutit, keerates panni kolm korda. Lase seista 5 minutit. Avage ja segage koriander, seejärel serveerige riisiga.

Kana Satay

Serveerib 8 eelroana, 4 pearoana

Marinaadi jaoks:
30 ml/2 spl maapähkliõli
30 ml/2 spl sojakastet
1 küüslauguküüs, hakitud
900 g/2 naela kondita kanarind, kuubikuteks

Satay kastme jaoks:
10 ml/2 tl maapähkliõli
1 sibul, hakitud
2 rohelist paprikat, igaüks umbes 8 cm/3 pikk, puhastatud südamikust ja peeneks hakitud
2 küüslauguküünt, hakitud
150 ml / ¼ pt / 2/3 tassi keeva veega
60 ml/4 spl krõmpsuvat maapähklivõid
10 ml/2 tl veiniäädikat

2,5 ml / ½ tl soola

175 g / 6 untsi / ¾ tassi pikateralist riisi, keedetud (valikuline)

Marinaadi valmistamiseks sega kausis õli, sojakaste ja küüslauk ning lisa kana, sega korralikult läbi. Kata kaanega ja jahuta talvel 4 tundi, suvel 8 tundi.

Kastme valmistamiseks vala õli keskmise suurusega nõusse või kaussi ning lisa sibul, tšilli ja küüslauk. Enne kastme valmimist keera kanakuubikud kaheksa õliga määritud vardasse. Asetage neli suurele taldrikule nagu ratta kodarad. Küpseta kaaneta täiskuumuses 5 minutit, keerates üks kord. Korrake ülejäänud nelja vardaga. Hoida kuumana. Kastme viimistlemiseks kata kauss toidukilega (kilega) ja tee kaks lõiget, et aur välja pääseks. Küpseta kuni valmis 2 minutit. Sega juurde keev vesi, maapähklivõi, äädikas ja sool. Küpseta kaaneta 3 minutit, korra segades. Lase 30 sekundit seista ja serveeri koos riisiga pearoana.

Maapähkli kana

Serveerib 4

4 kondita kanarinda, igaüks 175 g/6 untsi

125 g/4 untsi/½ tassi siledat maapähklivõid

2,5 ml/½ tl jahvatatud ingverit

2,5 ml/½ tl küüslaugusoola

10 ml/2 tl mahedat karripulbrit

Hiina Hoisini kaste

Keedetud hiina nuudlid, serveeritud

Asetage kana ümber sügava 23 cm/9 läbimõõduga tassi serva, jättes keskele süvend. Asetage maapähklivõi, ingver, küüslaugusool ja karripulber väikesesse kastrulisse ning kuumutage kaaneta režiimil Full 1 minut. Määri ühtlaselt kana peale, seejärel pintselda kergelt hoisin-kastmega. Kata toidukilega (kile) ja lõika kaks korda, et aur välja pääseks. Küpseta täisrežiimil 16 minutit, panni neli korda keerates. Lase seista 5 minutit enne serveerimist koos Hiina nuudlitega.

India kana jogurtiga

Serveerib 4

Kiire ja probleemivaba karri kokkupanek. See on madala rasvasisaldusega, nii et see on soovitatav salenejatele, võib-olla koos lillkapsa ja viilu või kahe seemnetega leivaga.

750 g/1½ naela nahata kanakintsud

150 ml/¼ pt/2/3 tassi tavalist jogurtit

15 ml/1 supilusikatäis piima

5 ml/1 tl garam masala

1,5 ml/¼ tl kurkumit

5 ml/1 tl jahvatatud ingverit

5 ml/1 tl jahvatatud koriandrit (koriander)

5 ml/1 tl jahvatatud köömneid

15 ml/1 spl maisi- või päevalilleõli

45 ml/3 spl kuuma vett

60 ml/4 spl jämedalt hakitud koriandrit, kaunistuseks

Aseta kana sügavasse 30 cm/12 läbimõõduga nõusse. Sega kõik ülejäänud koostisosad ja tõsta lusikaga kana peale. Kata kaanega ja marineeri külmkapis 6-8 tundi. Kata plaadiga ja kuumuta Full 5 minutit. Sega kana. Kata roog toidukilega (kilega) ja tee kaks lõiget, et aur välja pääseks. Küpseta täielikult 15 minutit, panni neli korda keerates. Lase seista 5 minutit. Enne serveerimist avage kaas ja puistake hakitud koriandriga.

Jaapani kana munaga

Serveerib 4

100 ml / 3½ fl untsi / 6½ spl kuuma kana- või veiselihapuljongit

60 ml/4 supilusikatäit keskmiselt kuiva šerrit

30 ml/2 spl teriyaki kastet

15 ml/1 spl. hele pehme pruun suhkur

250 g / 9 untsi / 1¼ tassi keedetud kana, lõigatud ribadeks

4 suurt muna, lahtiklopitud

175 g/6 untsi/¾ tassi pikateralist riisi, keedetud

Vala puljong, šerri ja teriyaki kaste madalasse 18cm/7 läbimõõduga nõusse. Sega juurde suhkur. Kata toidukilega (kile) ja lõika kaks korda, et aur välja pääseks. Küpseta kuni valmis 5 minutit. Avage ja segage. Sega hulka kana ja tõsta peale munad. Küpseta kaaneta täiskuumuses 6 minutit, panni kolm korda keerates. Serveerimiseks vala riis nelja soojendatud kaussi ja tõsta peale kana-munasegu.

Portugali kanahautis

Serveerib 4

25 g / 1 unts / 2 spl võid või margariini või 25 ml / 1 ½ spl oliiviõli
2 sibulat, neljandikku
2 küüslauguküünt, hakitud
4 tükki kana, kokku 900 g/2 naela
125 g/4 untsi/1 tass keedetud gammonit, lõigatud väikesteks kuubikuteks
3 tomatit, blanšeeritud, kooritud ja tükeldatud
150 ml/¼ pt/2/3 tassi kuiva valget veini
10 ml/2 tl Prantsuse sinepit
7,5-10 ml / 1½-2 tl soola

Aseta või, margariin või õli 20 cm/8 läbimõõduga pajavormi (Hollandi ahi). Kuumuta, kaaneta, kuni valmis, 1 minut. Sega hulka sibul ja küüslauk. Küpseta kaaneta täis kuumusel 3 minutit. Lisa kana. Kata toidukilega (kile) ja lõika kaks korda, et aur välja pääseks. Küpseta 14 minutit, panni kaks korda keerates. Sega juurde ülejäänud koostisosad. Kata nagu enne ja küpseta Full 6 minutit. Enne serveerimist lase 5 minutit seista.

Inglise stiilis vürtsikas kanahautis

Serveerib 4

Valmista nagu Portugali kanapajaroa puhul, kuid asenda vein keskmise kuiva siidriga ja lisa 5 neljandikku marineeritud kreeka pähklit koos teiste koostisosadega. Jätke küpsetusaega veel 1 minut.

Kompromiss Tandoori kana

Serveerib 8 eelroana, 4 pearoana

India roog, mida traditsiooniliselt küpsetatakse saviahjus või tandooris, kuid see mikrolaineahjus versioon on täiesti vastuvõetav.

8 kanatükki, kokku umbes 1,25 kg/2¾ naela
250 ml / 8 fl untsi / 1 tass paksu kreeka stiilis maitsestamata jogurtit
30ml/2 spl tandoori maitseainesegu
10 ml/2 tl jahvatatud koriandrit (koriander)

5 ml/1 tl paprikat
5 ml/1 tl kurkumit
30 ml/2 spl sidrunimahla
2 küüslauguküünt, hakitud
7,5 ml / 1½ tl soola
Serveerimiseks India leib ja segasalat

Lõika kana lihavad osad mitmest kohast. Vispelda jogurt koos kõigi ülejäänud koostisosadega kergelt läbi. Aseta kana sügavasse 25 cm/10 läbimõõduga nõusse ja määri tandooriseguga. Kata lõdvalt majapidamispaberiga ja marineeri 6 tundi külmkapis. Pööra ümber, pintselda marinaadiga ja tõsta nagu enne kaetult veel 3-4 tunniks külmkappi. Kata toidukilega (kile) ja lõika kaks korda, et aur välja pääseks. Küpseta täielikult 20 minutit, panni neli korda keerates. Avage roog ja keerake kana ümber. Kata uuesti toidukilega ja küpseta Full peal veel 7 minutit. Enne serveerimist lase 5 minutit seista.

Puuvilja- ja pähklivõi juustukook

Serveerib 8-10

Kontinentaalses stiilis juustukook, selline, mida leiate kvaliteetsest kondiitriärist.

45 ml/3 spl viilutatud (hakitud) mandleid
75 g / 3 untsi / 2/3 tassi võid
175 g/6 untsi/1½ tassi kaerakreekereid (küpsiseid) või seedimist soodustavaid kreekereid (graham kreekerid) murenevad
450 g / 1 naela / 2 tassi kodujuustu (sileda kodujuust) toatemperatuuril
125 g/4 untsi/½ tassi peent (väga peent) suhkrut
15 ml/1 spl maisijahu (maisitärklis)
3 muna, köögitemperatuur, lahtiklopitud
½ värske laimi või laimi mahl
30 ml/2 spl rosinaid

Aseta mandlid taldrikule ja rösti ilma kaaneta Full plaadil 2-3 minutit. Sulatage või ilma kaaneta sulatusrežiimil 2–2,5 minutit. Määri 20cm/8 läbimõõduga koogivorm ettevaatlikult võiga ning puista põhi ja küljed üle biskviidipuruga. Püreesta juust kõigi ülejäänud koostisosadega ning sega hulka mandlid ja sulavõi. Laota ühtlaselt biskviidipurule ja kata lõdvalt majapidamispaberiga. Küpseta sulatusrežiimis 24 minutit, panni neli korda keerates. Eemaldage mikrolaineahjust ja laske jahtuda. Enne viilutamist jahutage vähemalt 6 tundi.

Konserveeritud ingveri kook

Serveerib 8

225 g/8 untsi/2 tassi isekerkivat (isekerkivat) jahu
10 ml / 2 tl. segatud (õunakoogi) maitseained
125 g/4 untsi/½ tassi võid või margariini toatemperatuuril
125 g/4 untsi/½ tassi hele pehmet pruuni suhkrut
100 g/4 untsi/1 tass hakitud konserveeritud ingverit siirupis
2 muna, lahtiklopitud
75 ml/5 spl külma piima
Tuhksuhkur (kondiitritooted) puistamiseks

Vooderdage 20 cm/8 läbimõõduga suflee vms sirge küljega roog tihedalt toidukilega (kileümbrisega), et see rippuks veidi üle serva. Sõelu jahu ja maitseained kaussi. Hõõru sisse või või margariin. Lisa kahvliga suhkur ja ingver, jälgides, et need jaotuks ühtlaselt. Sega muna ja piimaga pehmeks konsistentsiks. Kui segu on ühtlaselt segunenud, kalla ettevalmistatud nõusse ja kata kergelt majapidamispaberiga. Küpseta Full ahjus 6½ kuni 7½ minutit, kuni kook on hästi kerkinud ja tõmbub külgedelt eemale. Lase seista 15 minutit. Tõsta restile, hoides samal ajal toidukilet. Jahtunult koori foolium ära ja hoia kooki õhukindlas anumas. Enne serveerimist puista üle tuhksuhkruga.

Konserveeritud ingveritort apelsiniga

Serveerib 8

Valmista nagu konserveeritud ingverikoogi puhul, kuid lisa 1 väikese apelsini jämedalt riivitud koor munade ja piimaga.

Meekook pähklitega

Serveerib 8-10

Tordi täht, täis magusust ja valgust. See on Kreeka päritolu, kus seda tuntakse karithopitta nime all. Serveeri koos kohviga söögikorra lõpus.

Aluseks:

100 g/3½ untsi/½ tassi võid, toatemperatuuril

175 g/6 untsi/¾ tassi hele pehmet pruuni suhkrut

4 muna, köögitemperatuur

5 ml/1 tl vaniljeessentsi (ekstrakt)

10 ml/2 tl soodavesinikkarbonaati (söögisoodat)

10 ml/2 tl küpsetuspulbrit

5 ml/1 tl jahvatatud kaneeli

75 g/3 untsi/¾ tassi tavalist (universaalset) jahu

75 g/3 untsi/¾ tassi maisijahu (maisitärklis)

100 g / 3½ untsi / 1 tass viilutatud (hakitud) mandleid

Siirupi jaoks:

200 ml / 7 fl untsi / umbes 1 tass sooja vett

60ml/4 spl tumepehmet pruuni suhkrut

5 cm/2 tükki kaneelipulki

5 ml/1 tl sidrunimahla

150 g / 5 untsi / 2/3 tassi selget tumedat mett

Kaunistuseks:

60 ml/4 spl hakitud pähklisegu

30 ml/2 supilusikatäit läbipaistvat tumedat mett

Põhja valmistamiseks vooderda 18cm/7 läbimõõduga sufleevormi põhi ja külg tihedalt toidukilega (kilepakendiga), et see jääks veidi üle serva rippuma. Pane kõik koostisained peale mandlite köögikombaini kaussi ja töötle ühtlaseks massiks. Soola mandleid korraks, et need liigselt ei laguneks. Määri saadud mass ettevalmistatud nõusse ja kata kergelt majapidamispaberiga. Küpseta Full ahjus 8 minutit, panni kaks korda keerates, kuni kook on märgatavalt kerkinud ja peal on väikesed õhutaskud. Lase 5 minutit seista, seejärel kummuta madalasse serveerimisnõusse ja koori ära toidukile.

Siirupi valmistamiseks asetage kõik koostisosad kannu ja keetke ilma kaaneta 5-6 minutit või kuni segu hakkab mullitama. Jälgige hoolikalt, kas see hakkab keema. Laske 2 minutit seista, seejärel segage õrnalt puulusikaga, et koostisosad seguneksid ühtlaselt. Vala aeglaselt koogile, kuni kogu vedelik on imendunud. Sega väikeses kausis pähklid ja mesi. Kuumuta kaaneta täisvõimsusel 1½ minutit. Määri või lusikaga koogi peale.

Ingveri meekook

Serveeritakse kell 10-12

45 ml/3 spl apelsinimarmelaadi

225 g / 8 untsi / 1 tass läbipaistvat tumedat mett

2 muna

125 ml / 4 fl untsi / ½ tassi maisi- või päevalilleõli

150 ml / ¼ pt / 2/3 tassi sooja vett

250 g / 9 untsi / helde 2 tassi isekerkivat (isekerkivat) jahu

5 ml/1 tl soodavesinikkarbonaati (söögisoodat)

3 tl jahvatatud ingverit

10 ml/2 tl jahvatatud piment

5 ml/1 tl jahvatatud kaneeli

Vooderdage sügav 1,75-liitrine/3 pt/7½ tassi sufleenõu tihedalt toidukilega (kileümbrisega), et see rippuks veidi üle serva. Aseta marmelaad, mesi, munad, õli ja vesi köögikombaini ning blenderda ühtlaseks massiks, seejärel lülita välja. Sõeluge kõik ülejäänud koostisosad ja asetage töötleja kaussi. Lülitage masin sisse, kuni segu on hästi segunenud. Tõsta lusikaga valmis vormi ja kata kergelt majapidamispaberiga. Küpseta Full ahjus 10-10½ minutit, kuni kook on hästi kerkinud ja pealt on kaetud pisikeste õhuaukudega. Lase tassis peaaegu täielikult jahtuda, seejärel tõsta toidukilega kaetud restile. Eemaldage kile ettevaatlikult ja laske täielikult jahtuda. Hoida õhukindlas anumas 1 päev enne viilutamist.

Ingveri siirupi kook

Serveeritakse kell 10-12

Tee nagu ingveri meekook, kuid asenda mesi kuldse (hele maisi)siirupiga.

Traditsioonilised piparkoogid

Serveerib 8-10

Ülim talvine lugu, Halloweeni ja Guy Fawkesi õhtu jaoks kohustuslik.

175 g/6 untsi/1½ tassi tavalist (universaalset) jahu
15 ml/1 supilusikatäis jahvatatud ingverit
5 ml/1 tl jahvatatud piment
10 ml/2 tl soodavesinikkarbonaati (söögisoodat)
125 g/4 untsi/1/3 tassi kuldset (hele maisi) siirupit
25 ml/1½ spl blackstrap melassi
30ml/2spl tumepehmet pruuni suhkrut
45 ml/3 spl seapekki või valget rasvainet (lühenemine)
1 suur muna, lahtiklopitud
60 ml/4 spl külma piima

Vooderdage 15 cm/6 läbimõõduga sufleevormi põhi ja külg tihedalt toidukilega (kileümbrisega), et see jääks veidi üle serva rippuma. Sõelu jahu, ingver, piment ja soodavesinikkarbonaat segamisnõusse. Teises kausis lisage siirup, melass, suhkur ja rasv ning kuumutage kaaneta 2,5-3 minutit, kuni rasv on sulanud. Sega hästi kokku. Sega kuivained kahvliga muna ja piimaga. Pärast korralikku segamist kalla ettevalmistatud anumasse ja kata kergelt majapidamispaberiga. Küpseta Full ahjus 3-4 minutit, kuni piparkoogid on hästi kerkinud ja pealt kergelt läikiv. Lase seista 10 minutit. Tõsta restile, hoides samal ajal toidukilet. Koorige kile ja hoidke piparkooke enne lõikamist õhukindlas anumas 1-2 päeva.

Apelsini piparkoogid

Serveerib 8-10

Valmista traditsiooniliste piparkookidena, kuid lisa 1 väikese apelsini peeneks riivitud koor muna ja piimaga.

Kohvi aprikoosi kook

Serveerib 8

4 digestive küpsist (graham kreekerid), peeneks purustatud

225 g/8 untsi/1 tass võid või margariini, toatemperatuuril

225 g/8 untsi/1 tass tume pehmet pruuni suhkrut

4 muna, köögitemperatuur

225 g/8 untsi/2 tassi isekerkivat (isekerkivat) jahu

75 ml/5 supilusikatäit kohvi ja siguri essentsi (ekstrakt)

425 g/14 untsi/1 suured poolikud aprikoosipurgid, nõrutatud

300 ml/½ pt/1¼ tassi topelt (rasket) koort

90 ml/6 spl röstitud viilutatud mandleid

Määri kaks madalat 20 cm/8 tolli läbimõõduga nõu sulavõiga, seejärel vooderda põhi ja küljed küpsisepuruga. Sega või või margariin ja suhkur heledaks ja kohevaks. Klopi ükshaaval sisse munad, lisades igaühele 15 ml/1 spl. jahust. Sega hulka ülejäänud jahu vaheldumisi 45ml/3 spl kohviessentsiga. Laota ühtlaselt valmis roogade vahele ja kata lõdvalt majapidamispaberiga. Küpseta ükshaaval täisrežiimil 5 minutit. Lase pannidel 5 minutit jahtuda, seejärel kummuta restile. Haki kolm aprikoosi ja tõsta ülejäänud kõrvale. Vahusta koor ülejäänud kohviessentsiga paksuks vahuks. Eemalda umbes veerand koorest ja sega hulka tükeldatud aprikoosid. Kasutage kookide koos peksmiseks. Kata pealt ja küljed ülejäänud kreemiga.

Rooma ananassikook

Serveerib 8

Tee nagu kohvi-aprikoosikook, aga jäta aprikoosid ära. Maitsesta koort 30 ml/2 spl tumeda rummi, mitte kohviessentsi (ekstraktiga). Sega 2 hakitud ananassikonserviõite kolmveerandi kreemi hulka ja kasuta pirukavõileibade jaoks. Kata pealt ja küljed ülejäänud kreemiga ning kaunista pooleks lõigatud ananassirõngastega. Soovi korral roheliste ja kollaste glasuuritud (summeeritud) kirssidega.

Rikkalik jõulukook

Teeb 1 suure pere koogi

Jõulusärast tulvil ja alkoholiga hästi varustatud uhke kook. Hoidke seda puhtana või katke martsipani (mandlipasta) ja valge glasuuriga (glasuur).

200 ml / 7 fl untsi / vähe 1 tass magusat šerrit
75 ml/5 spl brändit
5 ml/1 tl segatud (õunakoogi) maitseaineid
5 ml/1 tl vaniljeessentsi (ekstrakt)
10 ml/2 tl tumedat pehmet pruuni suhkrut
350 g/12 untsi/2 tassi segatud kuivatatud puuvilju (puuviljakoogi segu)

15 ml/1 spl hakitud segakoort
15 ml/1 spl punaseid glasuuritud (suhkreeritud) kirsse
50 g/2 untsi/1/3 tassi kuivatatud aprikoose
50 g/2 untsi/1/3 tassi hakitud datleid
1 väikese apelsini peeneks riivitud koor
50 g/2 untsi/½ tassi hakitud kreeka pähkleid
125 g/4 untsi/½ tassi soolamata (magusat) võid, sulatatud
175 g/6 untsi/¾ tassi tumedat pehmet pruuni suhkrut
125 g/4 untsi/1 tass isekerkivat (isekerkivat) jahu
3 väikest muna

Asetage šerri ja brändi suurde segamisnõusse. Kata plaadiga ja küpseta Full 3-4 minutit, kuni segu hakkab mullitama. Lisa vürtsid, vanill, 10 ml/2 tl fariinsuhkrut, kuivatatud puuviljad, segatud koor, kirsid, aprikoosid, datlid, apelsinikoor ja kreeka pähklid. Sega korralikult läbi. Kata plaadiga ja kuumuta uuesti sulatusrežiimil 15 minutit, segades neli korda. Jäta üleöö, et maitsed küpseksid. Vooderdage 20 cm/8 läbimõõduga sufleenõu tihedalt toidukilega (kileümbrisega), et see jääks veidi üle serva rippuma. Sega koogisegu hulka või, fariinsuhkur, jahu ja munad. Tõsta lusikaga valmis vormi ja kata lõdvalt majapidamispaberiga. Küpseta sulatusrežiimil 30 minutit, keerates neli korda. Lase 10 minutit mikrolaineahjus seista. Jahuta leigeks, seejärel tõsta ettevaatlikult grillile, hoides samal ajal toidukilet. Kui kook on jahtunud, eemalda toidukile. Säilitamiseks mähkige kahekordse paksusega rasvakindlasse (vahatatud) paberisse ja seejärel uuesti fooliumisse. Enne katmist ja glasuurimist hoida jahedas umbes 2 nädalat.

Kiire Simneli kook

Teeb 1 suure pere koogi

Järgige rikkalikku jõulukoogi retsepti ja säilitage 2 nädalat. Päev enne serveerimist lõika kook kaheks kihiks pooleks. Määri mõlemale lõikepoolele sulatatud aprikoosimoos (konserv) ja võileib koos paksuks ringiks rullitud 225-300g/8-11oz martsipaniga (mandlipasta). Kaunista pealt poest ostetud miniatuursete lihavõttemunade ja kanadega.

Seemnekook

Serveerib 8

Tagasivaade vanadesse aegadesse, Walesis tuntud kui viilupirukas.

225 g/8 untsi/2 tassi isekerkivat (isekerkivat) jahu

125 g/4 untsi/½ tassi võid või margariini

175 g/6 untsi/¾ tassi hele pehmet pruuni suhkrut

1 sidruni peeneks riivitud koor

10-20 ml/2-4 tl köömneid

10 ml/2 tl riivitud muskaatpähklit

2 muna, lahtiklopitud

150 ml / ¼ pt / 2/3 tassi külma piima

75 ml / 5 spl. tuhksuhkur (kondiitritooted) sõelutud

10-15 ml/2-3 tl sidrunimahla

Vooderdage 20 cm/8 läbimõõduga sufleevormi põhi ja külg tihedalt toidukilega (kileümbrisega), et see jääks veidi üle serva rippuma. Sõelu jahu kaussi ja hõõru või või margariiniga. Lisa fariinsuhkur, sidrunikoor, köömned ja muskaatpähkel ning sega kahvliga munad ja piim ühtlaseks, parajalt pehmeks tainaks. Tõsta valmis roale ja kata lõdvalt majapidamispaberiga. Küpseta Full ahjus 7-8 minutit, panni kaks korda keerates, kuni kook kerkib vormi ülaossa ja pinnale on tekkinud väikesed augud. Lase 6 minutit seista, seejärel kummuta grillile. Kui see on täiesti jahtunud, eemaldage toidukile ja keerake kook õigetpidi. Sega tuhksuhkur ja sidrunimahl paksu pasta saamiseks. Määri koogi peale.

Lihtne puuviljakook

Serveerib 8

225 g/8 untsi/2 tassi isekerkivat (isekerkivat) jahu
10 ml / 2 tl. segatud (õunakoogi) maitseained
125 g/4 untsi/½ tassi võid või margariini
125 g/4 untsi/½ tassi hele pehmet pruuni suhkrut
175 g/6 untsi/1 tass segatud kuivatatud puuvilju (puuviljakoogi segu)
2 muna
75 ml/5 spl külma piima
75 ml/5 spl tuhksuhkrut (kondiitritooted).

Vooderdage 18 cm/7 läbimõõduga sufleenõu tihedalt toidukilega (kileümbrisega), et see jääks veidi üle serva rippuma. Sõelu jahu ja maitseained kaussi ning hõõru või või margariiniga. Lisa suhkur ja kuivatatud puuviljad. Klopi lahti munad ja piim ning vala kuivainete hulka, sega kahvliga ühtlaseks massiks. Tõsta lusikaga valmis vormi ja kata lõdvalt majapidamispaberiga. Küpseta Full ahjus 6½ kuni 7 minutit, kuni kook on hästi kerkinud ja hakkab just vormi servast eemalduma. Eemaldage mikrolaineahjust ja laske 10 minutit seista. Tõsta restile, hoides samal ajal toidukilet. Kui see on täiesti jahtunud, eemalda toidukile ja puista pealt sõelutud tuhksuhkruga.

Datli- ja pähklikook

Serveerib 8

Valmista lihtsa puuviljakoogina, kuid asenda kuivatatud puuviljad hakitud datlite ja kreeka pähklite seguga.

Porgandipirukas

Serveerib 8

Kunagi paradiisikoogiks nimetatud Atlandi-ülene import on meiega olnud juba aastaid ega ole kaotanud oma veetlust.

Tordi jaoks:

3-4 porgandit, lõigatud tükkideks

50 g / 2 untsi / ½ tassi hakitud kreeka pähkleid

50 g/2 untsi/½ tassi suhkrus veeretatud tükeldatud datleid

175 g/6 untsi/¾ tassi hele pehmet pruuni suhkrut

2 suurt muna, köögitemperatuur

175 ml / 6 fl untsi / ¾ tassi päevalilleõli

5 ml/1 tl vaniljeessentsi (ekstrakt)

30 ml/2 spl külma piima

150 g / 5 untsi / 1¼ tassi tavalist (universaalset) jahu

5 ml/1 tl küpsetuspulbrit

4 ml/¾ tl soodavesinikkarbonaati (söögisoodat)

5 ml/1 tl segatud (õunakoogi) maitseaineid

Toorjuustu glasuuriks:

175 g/6 untsi/¾ tassi täisrasvast toorjuustu toatemperatuuril

5 ml/1 tl vaniljeessentsi (ekstrakt)

75 g/3 untsi/½ tassi pulbristatud (kondiitritooted) suhkrut, sõelutud

15 ml/1 spl värskelt pressitud sidrunimahla

Koogi valmistamiseks määri 20cm/8 läbimõõduga mikrolaineahjuga rõngasvorm ja vooderda põhi mittenakkuva küpsetuspaberiga. Pane porgandid ja kreeka pähklid blenderisse või köögikombaini ning töötle, kuni mõlemad on jämedalt hakitud. Tõsta kaussi ja sega hulka datlid, suhkur, munad, õli, vaniljeessents ja piim. Sõelu kuivained, seejärel sega kahvliga porgandisegusse. Viige ettevalmistatud vormi. Kata toidukilega (kile) ja lõika kaks korda, et aur välja pääseks. Küpseta tervelt 6 minutit, keerates kolm korda. Laske 15 minutit seista, seejärel keerake restile. Eemaldage paber. Kui see on täiesti jahtunud, kummuta taldrikule.

Toorjuustu glasuuriks vahustage juust ühtlaseks. Lisa ülejäänud ained ja klopi kergelt ühtlaseks. Määri paksult koogi peale.

Pastinaagipirukas

Serveerib 8

Tee nagu porgandikook, aga asenda porgandid 3 väikese pastinaagiga.

Kõrvitsapirukas

Serveerib 8

Valmistage nagu porgandikoogi puhul, kuid asendage porgandid kooritud kõrvitsaga, jättes keskmise viilu, mis peaks andma umbes 175 g/6 untsi seemne viljaliha. Asenda hele suhkur tumepehme pruuni suhkruga ja segatud (õunakoogi) maitseained pimentiga.

Skandinaavia kardemonitort

Serveerib 8

Kardemoni kasutatakse sageli Skandinaavia küpsetistes ja see kook on tüüpiline näide põhjapoolkera eksootikast. Kui teil on probleeme jahvatatud kardemoni hankimisega, proovige oma kohalikku etnilise toidu poodi.

Tordi jaoks:

175 g/6 untsi/1½ tassi isekerkivat (isekerkivat) jahu

2,5 ml/½ tl küpsetuspulbrit

75 g/3 untsi/2/3 tassi võid või margariini toatemperatuuril

75 g/3 untsi/2/3 tassi hele pehmet pruuni suhkrut

10 ml/2 tl jahvatatud kardemoni

1 muna

Külm piim

Kaste jaoks:

30 ml/2 spl röstitud viilutatud mandleid

30 ml/2 spl hele pehmet pruuni suhkrut

5 ml/1 tl jahvatatud kaneeli

Vooderdage 16,5 cm/6½ läbimõõduga sügav tass toidukilega (plastpakendiga), et see ripuks veidi üle serva. Sõeluge jahu ja küpsetuspulber kaussi ning hõõruge kergelt või või margariiniga. Lisa suhkur ja kardemon. Murra muna mõõtekannu ja lahjenda piimaga 150 ml/¼ pt/2/3 tassi kohta. Sega kahvliga kuivainete hulka, kuni need on hästi segunenud, kuid ära klopi. Valage ettevalmistatud anumasse. Sega täidise ained omavahel ja puista koogile. Kata toidukilega ja lõika kaks korda, et aur eralduks. Küpseta kokku 4 minutit, keerates kaks korda. Lase seista 10 minutit, seejärel tõsta toidukilest kinni hoides ettevaatlikult restile. Kui kook on jahtunud, eemalda foolium ettevaatlikult.

Puuvilja tee leib

Teeb 8 viilu

225 g/8 untsi/1 1/3 tassi segatud kuivatatud puuvilju (puuviljakoogi segu)

100 g/3½ untsi/½ tassi tumedat pehmet pruuni suhkrut

30 ml/2 spl külma kanget musta teed

100 g/4 untsi/1 tass isekerkivat (isekerkivat) täisterajahu

5 ml/1 tl jahvatatud piment

1 muna, toatemperatuuril, lahtiklopitud

8 tervet mandlit, blanšeeritud

30 ml/2 spl kuldset (hele maisi) siirupit

Või, määrimiseks

Vooderdage 15 cm/6 läbimõõduga sufleevormi põhi ja külg tihedalt toidukilega (kileümbrisega), et see jääks veidi üle külje rippuma. Pane puuviljad, suhkur ja tee kaussi, kata taldrikuga ja küpseta Full 5 minutit. Sega jahu, piment ja muna kahvliga ning vala seejärel ettevalmistatud nõusse. Laota peale mandlid. Kata lõdvalt köögipaberiga ja küpseta Defrost'il 8-9 minutit, kuni kook on hästi kerkinud ja tõmbub vormi servast eemale. Lase seista 10 minutit, seejärel tõsta toidukilest kinni hoides restile. Kuumuta siirupit kruusis režiimil Defrost 1½ minutit. Koori koogilt kile ja pintselda pealt soojendatud siirupiga. Serveeri viilutatuna ja võiga määrituna.

Victoria võileivatort

Serveerib 8

175 g/6 untsi/1½ tassi isekerkivat (isekerkivat) jahu
175 g/6 untsi/¾ tassi võid või margariini toatemperatuuril
175 g / 6 untsi / ¾ tassi peent (väga peent) suhkrut
3 muna, köögitemperatuur
45 ml/3 spl külma piima
45 ml/3 spl moosi (konserv)
120 ml / 4 fl untsi / ½ tassi topelt (raske) või vahukoort, vahustatud
Suhkruglasuuri (kondiitritoodete) sõeluja tolmutamiseks

Vooderdage kahe madala 20 cm/8 läbimõõduga nõude põhi ja küljed toidukilega (kilepakendiga), et see jääks veidi üle serva rippuma. Sõelu jahu taldrikule. Sega või või margariin ja suhkur, kuni segu on hele ja kohev ning vahukoore konsistentsiga. Klopi ükshaaval sisse munad, lisades igaühele 15 ml/1 spl. jahust. Kasutades suurt metalllusikat, valage vaheldumisi ülejäänud jahu piimaga. Jaga ühtlaselt valmistatud roogade vahel. Kata lõdvalt köögipaberiga. Küpseta ükshaaval Full režiimis 4 minutit. Lase jahtuda leigeks, seejärel kummuta restile. Eemaldage kile ja laske täielikult jahtuda. Määri võileib pealt moosi ja vahukoorega ning enne serveerimist puista peale tuhksuhkrut.

Pähklikook

Serveerib 8

175 g/6 untsi/1½ tassi isekerkivat (isekerkivat) jahu

175 g/6 untsi/¾ tassi võid või margariini toatemperatuuril

5 ml/1 tl vaniljeessentsi (ekstrakt)

175 g / 6 untsi / ¾ tassi peent (väga peent) suhkrut

3 muna, köögitemperatuur

50 g/2 untsi/½ tassi kreeka pähkleid, peeneks hakitud

45 ml/3 spl külma piima

2 kogust Butter Cream Icing

16 poolikut kreeka pähklit, kaunistuseks

Vooderdage kahe madala 20 cm/8 läbimõõduga nõude põhi ja küljed toidukilega (kilepakendiga), et see jääks veidi üle serva rippuma. Sõelu jahu taldrikule. Vahusta või või margariin, vaniljeessents ja suhkur heledaks ja kohevaks ning vahukoore konsistentsiks. Klopi ükshaaval sisse munad, lisades igaühele 15 ml/1 spl. jahust. Murra suure metalllusikaga vaheldumisi piimaga kreeka pähklid koos ülejäänud jahuga. Jaga ühtlaselt valmistatud roogade vahel. Kata lõdvalt köögipaberiga. Küpseta ükshaaval Full ahjus 4½ minutit. Lase jahtuda leigeks, seejärel kummuta restile. Eemaldage kile ja laske täielikult jahtuda. Võileib koos poole glasuuriga (glasuur) ja ülejäänu aseta koogi peale.

Karoobikook

Serveerib 8

Valmistage ette nagu Victoria võileivatordi puhul, kuid asendage 25 g/1 untsi/¼ tassi maisijahu (maisitärklis) ja 25 g/1 untsi/¼ tassi jaanipulbrit 50 g/2 untsi/½ tassi jahu jaoks. Võileib koore ja/või konserveeritud või värskete puuviljadega. Soovi korral lisa kreemi koostisainetele 5 ml/1 tl vanilliessentsi (ekstrakti).

Lihtne šokolaadikook

Serveerib 8

Valmistage ette nagu Victoria võileivatordi puhul, kuid asendage 25 g/1 untsi/¼ tassi maisijahu (maisitärklis) ja 25 g/1 untsi/¼ tassi kakaopulbrit (magustamata šokolaad) 50 g/2 untsi/½ tassi jahu jaoks. Võileib koos koore ja/või šokolaadimäärdega.

Mandlikook

Serveerib 8

Valmistage Victoria võileivatordina, kuid asendage sama kogus jahu 40 g/1½ untsi/3 spl jahvatatud mandlitega. Maitsesta kreemjad koostisosad 2,5-5 ml/½-1 tl mandlisesentsi (ekstraktiga). Võileib koos ühtlase aprikoosimoosiga (konserv) ja õhukese martsipaniviiluga (mandlipasta).

Victoria Sandwich Gâteau

Serveerib 8

Valmistage Victoria võileivatordi või mõne muu variandina. Võileib koore või võikreemiga (glasuur) ja/või moosiga (konserv), šokolaadimääre, maapähklivõi, apelsini- või sidrunikohupiim, apelsinimarmelaad, konserveeritud puuviljatäidis, mee või martsipan (mandlipasta). Määri pealt ja külgedele koort või võikreemi. Kaunista värskete või konserveeritud puuviljade, pähklite või dražeega. Et kook oleks veelgi rammusam, lõigake iga küpsetatud kiht enne täitmist pooleks, et saada kokku neli kihti.

Lasteaia tee biskviit

Teeb 6 viilu

75 g / 3 untsi / 2/3 tassi peent (väga peent) suhkrut
3 muna, köögitemperatuur
75 g/3 untsi/¾ tassi tavalist (universaalset) jahu
90 ml/6 spl. kahekordne (raske) või vahukoor, vahustatud

45 ml/3 spl moosi (konserv)
Suhkur (ülipeen) suhkur puistamiseks

Vooderdage 18 cm/7 läbimõõduga sufleevormi põhi ja külg toidukilega (kileümbris), et see jääks veidi üle serva rippuma. Asetage suhkur kaussi ja kuumutage kaaneta 30 sekundit sulatusrežiimil. Klopi sisse munad ja klopi, kuni segu muutub vahuks ja pakseneb vahukoore konsistentsini. Lõika õrnalt ja kergelt ning lisa metalllusikaga jahu. Ärge kloppige ega segage. Kui koostisosad on hästi segunenud, valage valmis tassi. Kata lõdvalt köögipaberiga ja küpseta 4 minutit Full. Lase seista 10 minutit, seejärel tõsta toidukilest kinni hoides restile. Kui see on jahtunud, eemaldage kile. Lõika pooleks ja pane peale võileib koore ja moosiga. Enne serveerimist puista pealt tuhksuhkruga.

Sidruni biskviit

Teeb 6 viilu

Valmista samamoodi nagu lasteaia teebiskviit, kuid vahetult enne jahu lisamist lisa soojendatud muna-suhkru segule 10ml/2 tl peeneks riivitud sidrunikoort. Võileib sidruni kohupiima ja koorega.

Oranž biskviit

Teeb 6 viilu

Valmista samamoodi nagu lasteaia teebiskviit, kuid lisa soojendatud muna-suhkru segule vahetult enne jahu lisamist 10ml/2 tl peeneks riivitud apelsinikoort. Võileib koos šokolaadimäärde ja koorega.

Espresso kook

Serveerib 8

250 g/8 untsi/2 tassi isekerkivat (isekerkivat) jahu
15 ml/1 supilusikatäis/2 pakki lahustuvat espressopulbrit
125 g/4 untsi/½ tassi võid või margariini
125 g/4 untsi/½ tassi tumedat pehmet pruuni suhkrut
2 muna, köögitemperatuur
75 ml/5 spl külma piima

Vooderdage 18 cm/7 läbimõõduga sufleevormi põhi ja külg toidukilega (kileümbris), et see jääks veidi üle serva rippuma. Sõelu jahu ja kohvipulber kaussi ning hõõru või või margariiniga. Lisa suhkur. Klopi munad ja piim korralikult lahti ning sega seejärel kahvliga kuivainete hulka. Tõsta lusikaga valmis vormi ja kata lõdvalt majapidamispaberiga. Küpseta Full ahjus 6½ kuni 7 minutit, kuni kook on hästi kerkinud ja hakkab just vormi servast eemalduma. Lase seista 10 minutit. Tõsta restile, hoides samal ajal toidukilet. Kui see on täielikult jahtunud, eemaldage toidukile ja asetage kook õhukindlasse anumasse.

Espresso kohvitort apelsinijäätisega

Serveerib 8

Valmista espressokook. Umbes 2 tundi enne serveerimist valmistage paks glasuur (glasuur), segades 175g/6oz/1 tassi tuhksuhkrut (kondiitritooted) piisava koguse apelsinimahlaga, et tekiks pastataoline glasuur. Määri koogi peale, siis kaunista riivjukolaadi, hakitud pähklite, sadade ja tuhandetega jne.

Espresso kohvi koorekook

Serveerib 8

Valmista espressokook ja lõika see kaheks kihiks. Vahusta 300 ml/½ pt/1¼ tassi topelt (rasket) koort 60 ml/4 spl külma piimaga, kuni see on paks. Magustage 45 ml/3 spl tuhksuhkruga ja maitsestage maitse järgi espressopulbriga. Lao osa kihtidest virna ja määri ülejäänu paksult koogi peale ja külgedele. Puista pealt sarapuupähklitega.

Rosinatassi koogid

Teeb 12

125 g/4 untsi/1 tass isekerkivat (isekerkivat) jahu
50 g/2 untsi/¼ tassi võid või margariini
50 g / 2 untsi / ¼ tassi peent (väga peent) suhkrut
30 ml/2 spl rosinaid
1 muna
30 ml/2 spl külma piima
2,5 ml/½ tl vaniljeessentsi (ekstrakt)
Tuhksuhkur (kondiitritooted) puistamiseks

Sõelu jahu kaussi ja hõõru kergelt või või margariiniga. Lisa suhkur ja rosinad. Klopi muna piima ja vaniljeessentsiga lahti ning sega kahvliga ilma kloppimata kuivainete hulka, kuni tekib pehme tainas. Jagage 12 paberist koogivormi (tassikoogipaber) ja asetage kuus mikrolaineahju pöördalusele. Kata lõdvalt köögipaberiga. Küpseta kuni valmis 2 minutit. Tõsta restile jahtuma. Jahtunult puista üle sõelutud tuhksuhkruga. Hoida õhukindlas anumas.

Kookose tassi koogid

Teeb 12

Valmistage ette nagu rosinakookide puhul, kuid asendage rosinad 25 ml/1½ spl kuivatatud (hakitud) kookospähkliga ja suurendage piima kogust 25 ml/1½ spl.

Šokolaadikoogid

Teeb 12

Valmista rosinatassikoogina, kuid asenda rosinad 30ml/2spl šokolaaditükkidega.

Banaanivürtsi kook

Serveerib 8

3 suurt küpset banaani

175 g / 6 untsi / ¾ tassi margariini / valget täidist (lühenemist), toatemperatuuril

175 g/6 untsi/¾ tassi tumedat pehmet pruuni suhkrut

10 ml/2 tl küpsetuspulbrit

5 ml/1 tl jahvatatud piment

225 g / 8 untsi / 2 tassi linnasepruuni jahu, nt tatar

1 suur muna, lahtiklopitud

15 ml/1 spl hakitud pekanipähklit

100 g/4 untsi/2/3 tassi hakitud datleid

Vooderdage 20 cm/8 läbimõõduga sufleevormi põhi ja külg tihedalt toidukilega (kileümbrisega), et see jääks veidi üle serva rippuma. Koori banaanid ja püreesta need kausis korralikult läbi. Vala sisse mõlemad rasvad. Sega juurde suhkur. Lisa jahule küpsetuspulber ja piment. Sega kahvliga banaanisegu hulka muna, pähklid ja datlid.

Laota ühtlaselt ettevalmistatud tassi. Kata lõdvalt majapidamispaberiga ja küpseta ahjus 11 minutit, panni kolm korda keerates. Lase seista 10 minutit. Tõsta restile, hoides samal ajal toidukilet. Jahuta täielikult maha, seejärel eemalda toidukile ja säilita kook õhukindlas anumas.

Banaanivürtskook ananassiga

Serveerib 8

Valmistage banaanivürtsikook. Umbes 2 tundi enne serveerimist kata kook paksu glasuuriga, mille valmistamiseks sõelutakse kaussi 175g/6oz/1 tassi tuhksuhkrut (kondiitritooted) ja segatakse mõne tilga ananassimahlaga pastataoliseks glasuuriks. Kui see on tahenenud, kaunista kuivatatud banaanilaastudega.

Võikreemi glasuur

Mahutab 225 g / 8 untsi / 1 tass

75 g/3 untsi/1/3 tassi võid, toatemperatuuril
175 g / 6 untsi / 1 tass pulbristatud (kondiitritooted) suhkrut, sõelutud
10 ml/2 tl külma piima
5 ml/1 tl vaniljeessentsi (ekstrakt)
Tuhksuhkur (kondiitrid) puistamiseks suhkur (valikuline)

Vahusta või heledaks ja kohevaks vahuks, seejärel vahusta järk-järgult suhkur heledaks, kohevaks ja kahekordseks. Sega piim ja vaniljeessents ning klopi glasuur (glasuur) ühtlaseks ja paksuks.

Chocolate Fudge Frosting

Teeb 350 g / 12 untsi / 1½ tassi

Ameerika stiilis glasuur (glass), mis on kasulik iga tavalise koogi katteks.

30 ml/2 spl võid või margariini
60 ml/4 spl piima
30 ml/2 spl kakao (magustamata šokolaadi) pulbrit
5 ml/1 tl vaniljeessentsi (ekstrakt)
300g/10oz/12/3 tassi tuhksuhkrut (kondiitritooted), sõelutud

Aseta või või margariin, piim, kakao ja vanilje essents kaussi. Küpseta sulatusrežiimil kaaneta 4 minutit, kuni see on läbi kuumenenud ja rasv sulanud. Lisa sõelutud tuhksuhkur, kuni koor on ühtlane ja üsna paks. Kasutage koheselt.

Loote tervise kiilud

Teeb 8

100 g/3½ untsi kuivatatud õunaõisi
75 g/3 untsi/¾ tassi isekerkivat (isekerkivat) täisterajahu
75 g/3 untsi/¾ tassi kaerahelbeid
75 g / 3 untsi / 2/3 tassi margariini
75 g/3 untsi/2/3 tassi tumedat pehmet pruuni suhkrut
6 California ploomi, tükeldatud

Leota õunaõisi vees üleöö. Vooderdage 18 cm/7 läbimõõduga madala tassi põhi ja külg tihedalt toidukilega (plastikile), et see jääks veidi üle serva rippuma. Pane jahu ja kaerahelbed kaussi, lisa margariin ja hõõru seda õrnalt sõrmeotstega. Sega juurde suhkur, et moodustuks purutaoline segu. Laota pool valmistatud roa põhjale. Nõruta ja tükelda õunaõied. Suru kaerahelbesegu õrnalt ploomidele. Puista peale ülejäänud kaerahelbesegu ühtlaselt. Küpseta kaaneta täis kuumusel 5½–6 minutit. Laske anumas täielikult jahtuda. Tõsta toidukilest välja, seejärel koori toidukile ära ja lõika viiludeks. Hoida õhukindlas anumas.

Vilja terved viilud aprikoosidega

Teeb 8

Valmista mahlakateks tervisekiiludeks, kuid asenda ploomid 6 hästi pestud kuivatatud aprikoosiga.

Murukook

Teeb 12 kiilu

225 g/8 untsi/1 tass soolamata (magusat) võid, toatemperatuuril
125 g / 4 untsi / ½ tassi peent (väga peent) suhkrut ja lisa piserdamiseks
350 g/12 untsi/3 tassi tavalist (universaalset) jahu

Määrige ja vooderdage 20 cm/8 sügav tass. Sega või ja suhkur heledaks ja kohevaks, seejärel sega hulka jahu ühtlaseks massiks. Laota ühtlaselt ettevalmistatud nõusse ja torgi kahvliga läbi. Küpseta kaaneta sulatusrežiimil 20 minutit. Eemaldage mikrolaineahjust ja piserdage 15 ml/1 spl. tuhksuhkur. Lõika veel veidi soojalt 12 viiluks. Tõsta ettevaatlikult restile ja lase täielikult jahtuda. Hoida õhukindlas anumas.

Super krõbe tainast kook

Teeb 12 kiilu

Valmistage ette nagu muretaigna puhul, kuid asendage 25 g/1 untsi/¼ tassi manna (nisukoor) 25 g/1 untsi/¼ tassi jahuga.

Väga pehme taigna kook

Teeb 12 kiilu

Valmistage ette nagu muretaigna puhul, kuid asendage 25 g/1 untsi/¼ tassi maisijahu (maisitärklis) 25 g/1 untsi/¼ tassi jahuga.

Vürtsikas kook

Teeb 12 kiilu

Valmista nagu muretaigna puhul, aga sega juurde 10ml/2 tl segatud (õunakoogi)vürtse jahuga.

Hollandi stiilis küpsetis

Teeb 12 kiilu

Valmista nagu muretaigna puhul, aga asenda tavaline jahu isekerkiva (isekerkiva) jahuga ja sõelu jahu hulka 10ml/2 tl jahvatatud kaneeli. Enne küpsetamist pintselda pealt 15-30ml/1-2spl koorega, seejärel suru õrnalt kergelt röstitud viilutatud (hakitud) mandlitele.

Kaneeli pallid

Teeb 20

Paasapüha roog, küpsise (biskviidi) ja koogi kombinatsioon, mis tundub mikrolaineahjus paremini käituvat kui tavalises küpsetises.

2 suurt munavalget
125 g/4 untsi/½ tassi peent (väga peent) suhkrut
30 ml/2 spl jahvatatud kaneeli
225 g/8 untsi/2 tassi jahvatatud mandleid
Sõelutud tuhksuhkur (kondiitritooted).

Vahusta munavalged vahuks, seejärel sega hulka suhkur, kaneel ja mandlid. Veereta märgade kätega 20 palliks. Asetage kaheks rõngaks, üks teise sees, ümber suure lameda plaadi serva. Küpseta kaaneta täiskuumuse juures 8 minutit, plaati neli korda keerates. Jahuta soojaks, seejärel veereta tuhksuhkrus, kuni kumbki on tugevalt kaetud. Laske täielikult jahtuda ja hoidke õhukindlas anumas.

Kuldsed konjaki tilad

Teeb 14

Tavalisel viisil üsna karmid, nad töötavad mikrolaineahjus nagu unistus.

50 g / 2 untsi / ¼ tassi võid
50 g/2 untsi/1/6 tassi kuldset (hele maisi) siirupit
40 g/1½ untsi/3 spl kuldset granuleeritud suhkrut
40 g/1½ untsi/1½ spl linnaste pruuni jahu, nt Grain Store
2,5 ml/½ tl jahvatatud ingverit
150 ml / ¼ pt / 2/3 tassi topelt (rasket) või vahukoort, vahustatud

Pane või kaussi ja sulata kaaneta sulatamisel 2-2,5 minutit. Lisa siirup ja suhkur ning sega korralikult läbi. Keeda kaaneta täis kuumusel 1 minut. Sega juurde jahu ja ingver. Asetage neli 5 ml/1 teelusikatäit segu üksteisest väga hästi otse mikrolaineahju klaasile või plastikust pöördalusele. Küpseta kõrgel kuumusel 1½–1¾ minutit, kuni bränditükid hakkavad pruunistuma ja näevad välja pitsilised. Eemaldage pöördalus ettevaatlikult mikrolaineahjust ja laske küpsis(tel) 5 minutit seista. Eemaldage igaüks kordamööda palettnoaga. Mähkige suure puulusika käepide. Pigistage sõrmeotstega ühenduskohad ja lükake need lusika kausi otsa. Korrake ülejäänud kolme küpsisega. Kui nad külmuvad, eemaldage käepidemest ja viige traatjahutusrestile. Korrake, kuni ülejäänud segu on ära kasutatud. Hoida õhukindlas vormis. Enne söömist lisa brändi mõlemale otsale koort ja söö samal päeval, kui need seistes pehmenevad.

Šokolaadibrändi suupisted

Teeb 14

Olge valmis nagu Golden Brandy Snaps. Enne koore valamist aseta ahjuplaadile ja kata pealmine pind sulatatud tumeda või valge šokolaadiga. Lase tarduda, seejärel vala hulka koor.

Kuklikesed

Teeb umbes 8

Kukli ja skooni ristand - erakordselt kerge ja maitsev maius, süüakse veel soojalt, määritakse või ja moosi (konserveeritud) või kanarbikumeega.

225 g/8 untsi/2 tassi täistera nisujahu
5 ml/1 tl hambakivikreemi
5 ml/1 tl soodavesinikkarbonaati (söögisoodat)
1,5 ml / ¼ tl soola
20 ml/4 tl granuleeritud suhkrut
25 g / 1 unts / 2 spl võid või margariini
150 ml / ¼ pt / 2/3 tassi petti või asendage pool tavalist jogurtit ja pool rasvast piima, kui neid pole saadaval
Katmiseks lahtiklopitud muna
Piserdamiseks lisage veel 5 ml/1 tl suhkrut, mis on segatud 2,5 ml/½ tl jahvatatud kaneeliga

Sõelu kaussi jahu, koor, soodavesinikkarbonaat ja sool. Lisa suhkur ja hõõru või või margariin peeneks. Lisa pett (või pett) ja sega kahvliga parajalt pehmeks tainaks. Tõsta jahusel pinnale ning sõtku kiiresti ja lihtsalt ühtlaseks massiks. Rulli ühtlaselt 1 cm/½ paksuseks, seejärel lõika 5 cm/2 biskviitlõikuriga ringideks. Pöörake kaunistused ümber ja jätkake ringideks lõikamist. Aseta võiga määritud 25cm/10 serv tasasele taldrikule. Määri munaga ning puista peale suhkru ja kaneeli segu. Küpseta kaaneta 4 minutit, keerates plaati neli korda ümber. Lase seista 4 minutit, seejärel tõsta restile. Söö soojalt.

Rosina muffini skoonid

Teeb umbes 8

Valmista muffiniskoonidena, aga lisa 15 ml/1 spl rosinaid suhkruga.

Leib

Igasugune pärmileivas kasutatav vedelik peaks olema leige – mitte kuum ega külm. Parim viis õige temperatuuri saavutamiseks on segada pool keevat vedelikku poole külma vedelikuga. Kui teise väikese sõrme kastes tundub see endiselt kuum, laske sellel enne kasutamist veidi jahtuda. Liiga kuum vedelik on pigem problem kui liiga külm, sest see võib pärmi tappa ja leival kerkimise peatada.

Põhiline saia tainas

Teeb 1 pätsi

Kiire leivatainas neile, kellele meeldib küpsetada, kuid kellel pole aega.

450 g/1 naela/4 tassi kanget tavalist (leiva)jahu
5 ml/1 tl soola
1 pakk kergesti segatavat kuivpärmi
30 ml/2 spl võid, margariini, valget rasvainet (lühenemist) või seapekki
300 ml/½ pt/1 ¼ tassi leiget vett

Sõelu jahu ja sool kaussi. Soe, katmata, sulatatud 1 minut. Lisa pärm ja hõõru hulka rasv. Sega veega taignaks. Sõtku jahusel pinnal ühtlaseks, elastseks ja mittekleepuvaks. Tõsta tagasi puhastatud ja kuivatatud, kuid nüüd kergelt määritud kaussi. Kata kauss ise, mitte tainas, toidukilega (kilega) ja lõika kaks korda, et aur välja pääseks. Kuumutage uuesti sulatades 1 minut. Puhka mikrolaineahjus 5 minutit. Korrake kolm või neli korda, kuni tainas on kahekordistunud. Sõtku kiiresti, seejärel kasuta tavalistes retseptides või allolevates mikrolaineahju retseptides.

Põhiline pruuni leiva tainas

Teeb 1 pätsi

Järgige valge leiva taigna põhiretsepti, kuid kasutage täistera nisujahu (tavalise) jahu asemel ühte järgmistest:
- pool valget ja pool täisterajahu
- täisterajahu
- pool linnaseid täisterajahust ja pool valget jahu
-

Põhiline piimaleiva tainas

Teeb 1 pätsi

Järgige saia taigna põhiretsepti, kuid kasutage vee asemel ühte järgmistest:
- lõss täispiim
- pool koort piima ja pool vett

Bap Loaf

Teeb 1 pätsi

Pehme kooriku ja kahvatu päts, mida süüakse rohkem Suurbritannia põhjaosas kui lõunas.

Valmistage tavaline valge leiva tainas, tavaline pruuni leiva tainas või põhiline piimaleiva tainas. Peale esimest kerkimist sõtku kiiresti ja kergelt läbi, seejärel vormi umbes 5cm/2 paksuseks ringiks. Tõsta rasvainega määritud ja jahuga ülepuistatud ümarale tasasele taldrikule. Kata köögipaberiga ja kuumuta 1 minut Defrost'il. Lase 4 minutit puhata. Korrake kolm või neli korda, kuni tainas on kahekordistunud. Puista üle valge või pruuni jahuga. Keeda kaaneta täis kuumusel 4 minutit. Jahuta restil.

Bap Rolls

Teeb 16

Valmistage tavaline valge leiva tainas, tavaline pruuni leiva tainas või põhiline piimaleiva tainas. Pärast esimest kerkimist sõtku kiiresti ja lihtsalt, seejärel jaga 16 osaks. Vormige lamedad ringid. Laota kaheksa tükki kahele määritud ja jahuga ülepuistatud plaadiservale. Kata köögipaberiga ja küpseta ükshaaval Defrost'il 1 minut, seejärel jäta 4 minutiks ja korda kolm-neli korda, kuni rullid on kahekordistunud. Puista üle valge või pruuni jahuga. Keeda kaaneta täis kuumusel 4 minutit. Jahuta restil.

Hamburgeri kuklid

Teeb 12

Valmistage ette nagu Bap Rolls, kuid jagage tainas 16 asemel 12 portsjoniks. Asetage kahe plaadi külgedele kuus rulli ja küpsetage vastavalt juhistele.

Magusad puuviljarullid

Teeb 16

Valmistage ette nagu Bap Rolls, kuid enne vedelikuga segamist lisage kuivainetele 60 ml/4spl rosinaid ja 30ml/2spl tuhksuhkrut.

Cornwalli rajoon

Teeb 16

Valmistage nagu Bap Rolls, kuid ärge määrige pealseid enne küpsetamist jahuga. Jahtunult lõika pooleks ja täida koore või koorega ning maasika- või vaarikamoosiga (konserv). Puista pealsed tugevalt üle sõelutud tuhksuhkruga (kondiitritooted). Söö samal päeval.

Ilusad rullid

Teeb 16

Valmistage tavaline valge leiva tainas, tavaline pruuni leiva tainas või põhiline piimaleiva tainas. Pärast esimest kerkimist sõtku kiiresti ja lihtsalt, seejärel jaga 16 osaks. Vormi need neli tükki ümmargusteks rullideks ja lõika igaühe peale lõhik. Keerake neljast osast 20 cm/8 pikkust köit ja seo sõlm. Vormi neli beebi Viini kuklit ja tee igaühele kolm diagonaalset lõhikut. Jagage kõik ülejäänud neli osa kolmeks, keerake kitsaste nööridega ja punuge. Aseta kõik rullid võiga määritud ja jahuga ülepuistatud ahjuplaadile ning jäta soojaks, kuni need on kahekordseks kasvanud. Määri pealt munaga ja küpseta nagu tavaliselt 230°C/450°F/gaasimärgis 8 15-20 minutit. Võta ahjust välja ja tõsta rullid restile. Hoida külmas õhukindlas anumas.

Rullid koos tarvikutega

Teeb 16

Valmistage väljamõeldud rullidena. Peale rullide pealt munaga katmist puista peale: mooniseemned, röstitud seesamiseemned, apteegitilli seemned, pudrukaer, purustatud nisu, riivitud kõva juust, jäme meresool, aromaatsed maitsesoolad.

Köömneleib

Teeb 1 pätsi

Valmista põhiline leivatainas, lisades kuivainetele enne vedeliku hulka segamist 10-15ml/2-3 tl köömneid. Sõtku kergelt peale esimest kerkimist, seejärel vormi palliks. Asetage rasvainega määritud 450 ml/¾ pt/2 tassi võrdsete külgedega ümmargusse nõusse. Kata köögipaberiga ja kuumuta 1 minut Defrost'il. Lase 4 minutit puhata. Korrake kolm või neli korda, kuni tainas on kahekordistunud. Määri pealt lahtiklopitud munaga ja puista peale jämedat soola ja/või lisaks veel köömneid. Kata majapidamispaberiga ja küpseta pannil üks kord keerates 5 minutit. Keeda veel 2 minutit täiel kuumusel. Jätke 15 minutiks, seejärel keerake ettevaatlikult restile.

rukkileib

Teeb 1 pätsi

Valmistage tavaline pruuni leiva tainas, kasutades pooleks täistera- ja pooleks rukkijahust. Küpseta nagu Bap Loaf.

Õli leib

Teeb 1 pätsi

Valmistage põhiline saia tainas või põhiline pruuni leiva tainas, kuid asendage muu rasv oliivi-, pähkli- või sarapuupähkliõliga. Kui tainas jääb kleepuvale poolele, lisa veidi jahu. Küpseta nagu pätsi.

Itaalia leib

Teeb 1 pätsi

Tee põhiline saiatainas, aga asenda muu rasv oliiviõliga ning lisa kuivainetele enne vedeliku hulka segamist 15ml/1spl punast pestot ja 10ml/2tl päikesekuivatatud tomatipüreed (pastat). Küpsetage nagu Bap Loafi, kulutades lisaks 30 sekundit.

Hispaania leib

Teeb 1 pätsi

Valmistage põhiline saiatainas, kuid asendage muu rasv oliiviõliga ja lisage kuivainetele 30 ml/2spl kuivatatud sibulat ja 12 tükeldatud täidetud oliivi enne vedelikuga segamist. Küpsetage nagu Bap Loafi, kulutades lisaks 30 sekundit.

Tikka Masala leib

Teeb 1 pätsi

Tee põhiline saiatainas, aga asenda muu rasv sulatatud ghee või maisiõliga ning lisa kuivainetele 15ml/1spl tikka vürtsisegu ja 5 rohelist kardemonikauna enne vedeliku hulka segamist. Küpsetage nagu Bap Loafi, kulutades lisaks 30 sekundit.

Puuviljane linnasesai

Teeb 2 pätsi

450 g/1 naela/4 tassi kanget tavalist (leiva)jahu
10 ml / 2 tl soola
1 pakk kergesti segatavat kuivpärmi
60 ml/4 spl. segatud sõstrad ja rosinad
60 ml/4 lusikatäit linnaseekstrakti
15 ml/1 spl blackstrap melassi
25 g / 1 unts / 2 spl võid või margariini
45 ml/3 spl leiget lõssi

150 ml / ¼ pt / 2/3 tassi leiget vett
Või, määrimiseks

Sõelu jahu ja sool kaussi. Lisa pärm ja kuivatatud puuviljad. Segage väikeses kausis linnaseekstrakt, melass ja või või margariin. Sulatage, kaaneta, sulatusrežiimil 3 minutit. Lisa jahule piim ja nii palju vett, et tekiks pehme, kuid mitte kleepuv tainas. Sõtku jahusel pinnal ühtlaseks, elastseks ja mittekleepuvaks. Jagage kaheks võrdseks osaks. Vormi igaüks nii, et see mahuks määritud 900 ml/1½ pt/3¾ tassi ümmarguse või ristkülikukujulise vormi. Kata roog taigna asemel toidukilega (kilekilega) ja lõika kaks korda, et aur eralduks. Kuumutage sulatusrežiimis 1 minut. Lase seista 5 minutit. Korrake kolm või neli korda, kuni tainas on kahekordistunud. Eemaldage kleepkile. Asetage nõud kõrvuti mikrolaineahju ja küpsetage kaaneta 2 minutit. Keera nõud ümber ja küpseta veel 2 minutit. Korrake uuesti. Lase seista 10 minutit. Pöörake grillile ümber. Hoida õhukindlas anumas, kui see on täielikult jahtunud. Jätke 1 päev enne viilutamist ja võiga määrimist.

Iiri soodaleib

Teeb 4 väikest pätsi

*200 ml / 7 fl untsi / napp 1 tass petipiima või 60 ml / 4 supilusikatäit
lõssi ja maitsestamata jogurtit
75 ml/5 spl koort piima
350 g/12 untsi/3 tassi täisterajahu
125 g/4 untsi/1 tass tavalist (universaalset) jahu
10 ml/2 tl soodavesinikkarbonaati (söögisoodat)
5 ml/1 tl hambakivikreemi
5 ml/1 tl soola
50 g/2 untsi/¼ tassi võid, margariini või valget rasvainet (lühenemine)*

Määri 25 cm/10 söögiplaat põhjalikult. Sega pett või petipiim ja piim. Sõelu täisterajahu kaussi ja sõelu sisse tavaline jahu, soodavesinikkarbonaat, veinikoor ja sool. Hõõruge rasv peeneks. Lisa ühe hooga vedelik ja sega kahvliga kuni moodustub pehme tainas. Sõtku jahuste kätega kiiresti ühtlaseks. Moodustage 18 cm/7 ring. Viige plaadi keskele. Lõika noaotsaga sügav rist peale, seejärel puista kergelt jahuga. Kata lõdvalt köögipaberiga ja küpseta täiskuumuses 7 minutit. Leib kerkib ja levib. Lase seista 10 minutit. Tõsta kalalõikuri abil taldrik üles ja aseta grillile. Kui see on jahtunud, jaga neljaks osaks. Säilitage õhukindlas anumas ainult kuni 2 päeva, sest seda tüüpi leiba on kõige parem süüa värskelt.

Soodaleib kliidega

Teeb 4 väikest pätsi

Valmistage nagu Iiri soodaleib, kuid lisage enne vedelikuga segamist 60 ml/4 spl jämedat klii.

Elustage aegunud leib

Asetage saiad või kuklid pruuni paberkotti või asetage puhta rätiku (nõuderätiku) või lauarätiku voltide vahele. Kuumuta režiimil Defrost, kuni leiva pind on veidi soe. Söö kohe ja ära korda sama leiva jääkidega.

Kreeka Pitas

Teeb 4 pätsi

Valmistage põhiline saiatainas. Jaga neljaks võrdseks osaks ja lameda õrnalt palliks. Rulli ovaalideks, millest igaüks on keskelt 30 cm/12 tolli pikk. Puista kergelt jahuga. Niisutage servad veega. Voldi kumbki pooleks, viies ülemise serva üle põhja. Kinnitamiseks pigista servad hästi kokku. Aseta võiga määritud ja jahuga ülepuistatud ahjuplaadile. Küpseta kohe tavalises ahjus temperatuuril 230°C/450°F/gaasimärk 8 20–25 minutit, kuni pätsid on hästi kerkinud ja sügavkuldsed. Jahuta restil. Lase jahtuda, seejärel viiluta ja söö koos Kreeka dipikastmete ja muude toitudega.

Tarretatud kirsid sadamas

Serveerib 6

750 g/1½ naela konserveeritud morello kirsse (kivideta) heledas siirupis, nõrutatud ja siirupi jaoks reserveeritud

15 ml/1 spl. želatiini pulber

45 ml/3 supilusikatäit granuleeritud suhkrut

2,5 ml/½ tl jahvatatud kaneeli

Tawny sadam

Kahekordne (raske) koor, vahustatud ja segatud (õunakoogi) maitseained, kaunistuseks

Valage 30 ml/2 spl siirupit suurde mõõtekannu. Sega juurde želatiin ja jäta 2 minutiks pehmenema. Kata plaadiga ja sulata 2 minutit

Defrost'il. Segage, et želatiin lahustuks. Sega ülejäänud kirsisiirup, suhkur ja kaneel. Täitke pordiga kuni 450 ml / ¾ pt / 2 tassi. Kata nagu enne ja kuumuta Full 2 minutit kolm korda segades, kuni vedelik on soe ja suhkur lahustunud. Valage 1,25-liitrisesse kraanikaussi ja laske jahtuda. Kata kaanega ja pane külmkappi, kuni tarretis hakkab paksenema ja kausi külje ümbert kergelt pruunistuma. Voldi sisse kirsid ja jaga kuue magustoidu vahel. Jahuta, kuni see on täielikult hangunud. Enne serveerimist kaunista koorega ja puista üle segatud vürtsidega.

Tarretis kirsi siidris

Serveerib 6

Valmista nagu portveis tarretises, aga veini asemel asenda kange kuiv siider ja kaneel 5 ml/1 tl riivitud apelsinikoorega.

Kuum ananass

Serveerib 8

225 g / 8 untsi / 1 tass granuleeritud (väga granuleeritud) suhkrut
150 ml / ¼ pt / 2/3 tassi külma vett
1 suur värske ananass
6 tervet nelki
5 cm/2 tükki kaneelipulki
1,5 ml/¼ tl riivitud muskaatpähklit
60 ml/4 supilusikatäit keskmiselt kuiva šerrit
15 ml/1 spl tumedat rummi
Küpsised (küpsised), serveeritud

Valage suhkur ja vesi 2,5-liitrisesse anumasse ja segage hästi. Kata suure ümberpööratud taldrikuga ja küpseta siirupiks 8 minutit Full. Vahepeal koori ananass ja eemalda südamik ning eemalda kartulikoorija otsaga "silmad". Viiluta, siis viiluta. Vala siirupisse koos ülejäänud koostisosadega. Kata toidukilega (kile) ja lõika kaks korda, et aur välja pääseks. Küpsetage ahjus 10 minutit, keerates panni kolm korda. Enne krõmpsuvate võiküpsistega serveerimist lase 8 minutit seista.

Kuumad Sharoni puuviljad

Serveerib 8

Valmistage ette nagu kuuma ananassi puhul, kuid asendage ananass 8 neljandiku Sharoni puuviljaga. Pärast siirupile lisamist koos teiste koostisainetega küpseta Full ainult 5 minutit. Lisa rummi asemel brändit.

Kuumad virsikud

Serveerib 8

Valmista nagu kuuma ananassi puhul, aga asenda ananass 8 suure virsikuga, poolitatud (ilma kivideta). Pärast siirupile lisamist koos teiste koostisainetega küpseta Full ainult 5 minutit. Kasutage rummi asemel apelsinilikööri.

Roosad pirnid

Serveerib 6

450 ml / ¾ pt / 2 tassi roosat veini
75 g/3 untsi/1/3 tassi granuleeritud (väga granuleeritud) suhkrut
6 magustoidupirni, varred jäetud peale
30 ml/2 spl maisijahu (maisitärklis)
45 ml/3 spl külma vett
45 ml / 3 spl tawny portveini

Valage vein sügavasse kaussi, mis on piisavalt suur, et katta kõik pirnid ühe kihina külgedelt. Lisa suhkur ja sega korralikult läbi. Küpseta kaaneta täis kuumusel 3 minutit. Vahepeal koorige pirnid, olge ettevaatlik, et varred ei kaotaks. Asetage nende küljed veini ja suhkru segusse. Kata toidukilega (kile) ja lõika kaks korda, et aur välja pääseks. Küpseta kuni valmis 4 minutit. Keera pirnid kahe lusikaga ümber. Katke nagu enne ja küpseta Full veel 4 minutit. Lase seista 5 minutit. Tõsta püstiselt serveerimisnõusse. Kastme paksendamiseks sega maisijahu veega ühtlaseks ja sega läbi. Sega veinisegu hulka.

Küpseta kaaneta täis kuumusel 5 minutit, iga minut intensiivselt segades, kuni see on veidi paksenenud ja läbipaistev.

jõulupuding

Teeb 2 pudingit, 6-8 portsjonit

65 g/2½ untsi tavalist (universaalset) jahu

15 ml/1 spl kakao (magustamata šokolaadi) pulbrit

10 ml/2 tl segatud (õunakoogi) vürtse või jahvatatud vürtse

5 ml/1 tl riivitud apelsini- või mandariinikoort

75 g/3 untsi/1½ tassi värsket pruuni riivsaia

125 g/4 untsi/½ tassi tumedat pehmet pruuni suhkrut

450 g/1 naela/4 tassi segatud kuivatatud puuvilju (puuviljakoogi segu) koorega

125 g / 4 untsi / 1 tass hakitud putru (soovi korral taimetoitlane)

2 suurt muna, köögitemperatuur

15 ml/1 spl blackstrap melassi

60 ml/4 spl Guinnessi

15 ml/1 supilusikatäis piima

Määrige kaks 900 ml/1½ pt/3¾ tassi pudingukaussi ohtralt rasvaga. Sõelu jahu, kakao ja maitseained suurde kaussi. Lisa koor, riivsai, suhkur, puuviljad ja pett. Vahusta eraldi kausis munad, melass, Guinness ja piim. Sega kahvliga kuivainete hulka, et moodustuks pehme tainas. Jagage võrdselt ettevalmistatud basseinide vahel. Kata igaüks lõdvalt majapidamispaberiga. Küpseta ükshaaval täisrežiimil 4 minutit. Laske mikrolaineahjus 3 minutit seista. Küpseta iga pudingut täisrežiimil veel 2 minutit. Eemaldage konteineritest, kui see on jahtunud. Kui see on külm, mähkige kahekordse paksusega rasvakindlasse (vahatatud) paberisse ja külmutage, kuni see on vajalik. Serveerimiseks sulatage täielikult, lõigake portsjoniteks ja soojendage ükshaaval taldrikutel 50–60 sekundit.

Või ploomipuding

Teeb 2 pudingit, 6-8 portsjonit

Valmistage nagu jõulupuding, kuid asendage brownie 125 g/4 untsi/½ tassi sulatatud võiga.

Ploomipuding õliga

Teeb 2 pudingit, 6-8 portsjonit

Valmista jõulupudingina, kuid asenda kliid 75ml/5spl päevalille- või maisiõliga. Lisa veel 15 ml/1 spl piima.

Puuviljasuflee klaasides

Serveerib 6

400g/14oz/1 suur purk mis tahes puuviljatäidis
3 muna, eraldatud
90 ml/6 spl mittevahukoort

Vala puuviljatäidis kaussi ja sega hulka munakollased. Vahusta munavalged tugevaks vahuks ja sega õrnalt puuviljasegu hulka, kuni see on hästi segunenud. Vala segu ühtlaselt kuue veiniklaasi (mitte kristalliga) pooltäis. Küpseta paarikaupa režiimil Defrost 3 minutit. Segu peaks kerkima iga klaasi tippu, kuid ahjust välja võttes langeb see veidi alla. Tehke noaga kummagi ülaosasse pilu. Valage igale peale 15 ml/1 spl koort. See voolab mööda klaaside külgi allapoole. Serveeri kohe.

Peaaegu kiire jõulupuding

Teeb 2 pudingit, 8 portsjoni kohta

Täiesti uhked, imeliselt täidlase maitsega, sügava tooniga, puuviljased ja kiiresti valmivad, nii et neid ei pea nädalaid ette valmistama. Siin on peamine tegur säilinud puuviljatäidis ja pudingite õnnestumine on ettearvamatu.

225 g/8 untsi/4 tassi värsket valget riivsaia

125 g/4 untsi/1 tass tavalist (universaalset) jahu

12,5 ml/2½ tl jahvatatud piment

175 g/6 untsi/¾ tassi tumedat pehmet pruuni suhkrut

275 g / 10 untsi / 2¼ tassi peeneks hakitud putru (soovi korral ka taimetoitlane)

675 g/1½ naela/4 tassi segatud kuivatatud puuvilju (puuviljakoogi segu)

3 muna, hästi pekstud

400g/14oz/1 suur purgi kirsipuuviljatäidis

30 ml/2 spl blackstrap melassi

Serveerimiseks Hollandi võikreem või vahukoor.

Määrige kaks 900 ml/1½ pt/3¾ tassi pudingukaussi ohtralt rasvaga. Pane riivsai kaussi ning sega hulka jahu ja piment. Lisa suhkur, püreesta ja kuivata puuviljad. Sega munade, puuviljatäidise ja melassiga üsna pehmeks. Jaga ettevalmistatud kausside vahel ja kata igaüks lõdvalt majapidamispaberiga. Küpseta ükshaaval täis 6 minutit. Laske sellel 5 minutit mikrolaineahjus seista. Keeda iga puding täidisega veel 3 minutit, keerates kaussi kaks korda. Eemaldage konteineritest, kui see on jahtunud. Kui see on jahtunud, mähkige rasvakindlasse (vahatatud) paberisse ja hoidke vajaduseni külmkapis. Lõika portsjoniteks ja kuumuta uuesti, nagu on näidatud valmistoidu tabelis. Serveeri vahukoore või vahukoorega.

www.ingramcontent.com/pod-product-compliance
Lightning Source LLC
Chambersburg PA
CBHW071434080526
44587CB00014B/1844